学術研究出版

保育思想の持田栄一

近代・宗教・公共性

JN119505

吉田直哉

持田栄一
（1970 年撮影）

目 次

はじめに

持田栄一。いま、保育に携わる人間の中で、どれほどその名が知られているだろうか。保育者たちを前にした彼の講演は、その難解さにもかかわらず、滴る汗をぬぐいながら熱情的に語りかける姿勢で聴衆を圧倒した。事実、彼の愛称は「ダンプカー」であった。

戦後激動の時代を命削るように駆け抜けた教育学徒。彼が専攻した教育行政学の分野では、没後も断続的に彼の遺した膨大な業績が読みなおされ、「再検討」が叫ばれつづける特異な存在。「政治から経済へ」という転換期であった60年代の劈頭、教育学の新機軸をなしつつあった若きスター・堀尾輝久が掲げた「国民の教育権」論にひそむイデオロギー性を指摘し、果敢に挑んでいった気鋭の論客。

持田のイメージは、その独特な政治的ポジション、闘士を思わせる豊かな体躯（実際、青春期の持田は、柔道の研鑽に励んでいた）とも相まって、〈孤高〉の印象が付きまとう。しかしながら、生前の持田を知る同僚によれば、彼は自分の政治的党派性を明言することはなかったという（ただ、「構造改革論」を主唱した経済学者であり、革新統一候補として出馬し1975年から神奈川県知事を務めた長洲一二と親密な交流があったことなどから、彼の政治的ポジションを推察することはできる）。政治的・学問的に相容れない立場の人々とも良好な関係性を保っていたし、多くの後進を、時には国分寺の自邸に招き、大酒を酌み交わしながらの闊達な議論を重ねることによって鍛え上げていっ

た。生身の彼を知らぬ私たちが抱く〈偶像〉としての持田像は、令和を迎えた今、刷新される必要があるのだろう。

　持田の略歴をみておこう。持田は、1925年1月、群馬県館林町（現・館林市）出身である（同年同月、三島由紀夫も生誕しており、このことを持田はしばしば周囲に語っていたようである）。生家は醤油の醸造業を営んでいたという。1944年に大阪高等学校を卒業、海軍航空隊をへて、1949年に東京帝国大学文学部教育学科を卒業した。東大では宗像誠也に師事、ライフワークとなる教育行政学を専攻した。その後、国立教育研究所勤務、東京大学教育学部助教授を経て、1969年に同大教授となる。この間、1965年から翌年にかけて、文部省在外研究員として旧西ドイツに滞在している。この滞独経験が、持田の理論に転換をもたらしたといわれ、〈西ドイツ〉という異文化体験が、持田の教育への見方、およびそこにつながる〈日本文化〉に対する認識に重大な影響を及ぼすことになるということについては、本書においてもみていくことになるだろう。1978年7月、膵臓癌のため、現職のまま没した。享年53。

　持田の早世がもたらした衝撃と哀惜のほどは、彼の没後に公刊された一連の刊行物から感じとられる。持田とつながりのある教育学研究者たちによって、『持田栄一著作集』全6巻が編まれ、明治図書出版から刊行されたのみならず（1980年完結）、病没の翌年には、持田が所属していた東京大学教育学部教育行政学科の関係者が、『持田栄一先生追悼論文集』を編み、持田と交流のあった多分野の人物から寄せられた追悼文を掲載している。さらに、彼の七回忌を記

念して、幼年期教育に関する持田の論考を集めた論集が刊行されているほか（『幼年期教育の制度と理論：持田栄一遺稿論文』持田栄一遺稿論文刊行会、1984年）、持田と旧交のあった関係者による追悼論文集が発刊されている（故持田栄一教授追悼論文集編集委員会編『現代公教育変革の課題：80年代の新しい教育をめざして』日本教育新聞社、1981年）。

　1975年以降の持田は、「非キリスト教的文化」としての「特殊日本」的な状況に対する関心を深めていき、そのことが、彼独自の幼年期教育研究として結実しつつあった。持田は、近代公教育批判のスタンスから、「非近代」としての日本、あるいは〈仏教〉の中に、近代を超える思想を見いだそうとしていたのだろう。

　持田のライフワークは、近代公教育批判を実践することであった。彼にとって、近代公教育は、人間が持つ社会的な特質、共同的な特質にそぐわない、異様な代物であった。つねに持田は、教育を「社会共同の事実」として位置づけている。すなわち、教育は社会的であり共同的な関係性の中で編み上げられる実践なのだと彼は考えていた。人間がそもそも社会的・共同的存在であるということは、持田の根本的な――信念に近い――人間観であり、それゆえに、持田のめざす教育像は、つねに複数の人間どうしが「矛盾」――すなわち葛藤――を抱えながら絡み合い、もつれ合う共同生活の場として描き出されていた。このことは、幼年期教育においても変わることはない。

　持田の、ライフワークの一つが幼年期教育論であったこ

とについて広く知られることはなかった。1960年代から強くなりはじめた彼の幼年期教育論への傾倒は、1970年代における幼年期教育の普及とそれを後押しする政策的動向を批判する中で熱を帯びていく。持田の同僚であった宮坂広作が後年回顧しているように、近代公教育批判を主軸とするいわゆる「持田理論」は、1960年代末の大学闘争の荒波にもまれる中で熟成されていったものであり、70年代の持田は、幼年期教育の分野において、みずからの理論の妥当性を検証しようとしていたのだろう。しかしながら、1978年夏、突如の早世により、彼の幼年期教育論の体系化の構想は中断を余儀なくされた。黒崎勲、清原正義、杉原誠四郎、池田祥子、広瀬裕子をはじめとした、東京大学において持田の謦咳に接した当時の新進の教育学者たちにより、彼の教育行政学的な問題関心は細々と継承されていくものの、それらの仕事が保育学において議論の俎上に載せられる機会は乏しいまま今日を迎えている。いってみれば、保育学において、持田は忘れ去られている。

　教育学の領域においては、今世紀以降に限定しても、黒沢惟昭、小国喜弘、石井拓児、佐藤晋平、稲井智義らによる持田研究がある。黒沢は持田の市民社会論のヘゲモニー的側面、小国は持田による教師の教育権論批判、石井拓児は持田による学校組織の経営論、佐藤晋平は持田の国家観の変遷、稲井は持田が直接関与した幼稚園における職員研修というように、各論的なテーマから持田の思想にアプローチしている。しかしながら、いずれも断片的なものに留まっており、持田の思想の全体像を視野におさめるよう

な先行研究は未だ出ていない。ただ、これらの比較的新しい持田研究が、いずれも「持田理論」の現在性を掘り起こそうという姿勢を示していることには注目しておいてよいだろう。持田が取り上げられるとき、それはつねに現在においてなお価値を失わない存命の理論として、その応用可能性が繰り返し問いなおされてきたのである。死後半世紀近くを経てなお、脈動する瑞々しさを感じさせる魅力が、持田の業績には湛えられているのだろう。

　近年においては、黒沢を除いて、いずれも若手研究者によって持田が研究対象に据えられたわけだが、それらの研究がいずれも途絶してしまい、包括的な思想史的研究へと発展していかなかったことは残念というほかはない。本書は、持田の晩年における保育、特に仏教保育に対する取り組みに焦点を当てながら、持田の思想の全体像をつかみ、その根本にあった主題を明らかにしようとするものである。本書は、従前持田への関わりを持ってこなかった新しい読者にとっての「持田栄一入門」であることを願って書かれている。

　本書は、三つの章から構成されている。第1章では、持田の近代公教育に対する批判をおさえながら、それと強いかかわりを持ちつつ「幼保一元化」論として展開されてきた幼年期教育制度論の概要をみる。第2章では、生涯教育論に対する持田の批判、および家庭教育に対する認識を明らかにしたうえで、生涯教育・家庭教育と幼年期教育の関連についての彼の考察をみる。第3章では、持田の宗教教育論、および仏教保育論を検討する。前章までにおいてみ

た持田の幼年期教育をめぐる状況への認識に基づいて、既存の幼年期教育制度をラディカルに変革していくための可能性が、仏教思想の中に原理的に存在していることを彼は強調する。

　本書の副題にある通り、ここで触れる持田の主要なテーマは、近代・宗教・公共性という三つの巨大な問題である。第1章において「近代」を、第2章において「公共性」を、そして第3章において「宗教」を、それぞれ主に扱うという構成をとっている。これらの三つのテーマが、持田の生涯にわたる学究の通奏低音であったということを、読者諸賢に納得していただけたならば、本書はその眇たる使命を達しえたということになろう。

　なお、本書では、持田の用語法に則って、いわゆる保育と幼児教育の総称として「幼年期教育」を用いる。加えて、「幼児教育施設」とは、幼稚園・保育所等の総称である。

　　　　　　　　　　　　　　　　　　　　　　著者識

戦後日本の幼年期教育関連略年表

1947	昭和22	教育基本法、学校教育法公布
		児童福祉法公布
1948	昭和23	文部省「保育要領：幼児教育の手びき」刊行
		児童福祉施設最低基準（厚生省令）
1956	昭和31	幼稚園教育要領通知、幼稚園設置基準（文部省令）
1963	昭和38	中央児童福祉審議会保育制度特別部会中間報告「保育問題をこう考える」
		文部省「幼稚園教育振興計画」（第一次・七カ年）
		文部・厚生両局長通知「幼稚園と保育所の関係について」
1964	昭和39	幼稚園教育要領告示
1965	昭和40	保育所保育指針通知
1966	昭和41	厚生省「保育所緊急整備五カ年計画」（第一次）
1969	昭和44	厚生省「保育所における乳児保育対策の強化について」通知
1971	昭和46	厚生省「保育所緊急整備五カ年計画」（第二次）
		中央教育審議会「今後における学校教育の総合的な拡充整備のための基本的施策について」答申
		文部省「幼稚園教育振興計画」（第二次・十カ年）
1977	昭和52	厚生省「乳児保育特別対策要綱」

汐見稔幸ほか『日本の保育の歴史：子ども観と保育の歴史150年』（萌文書林、2017年）を元に著者作成

持田の幼保一元化論

第1章

1．幼年期教育の背景にある「私事性」への批判

　本章では、1970年代に展開された持田による「幼保一元化」論を、彼の終生のテーマであった近代公教育批判の文脈に重ねながらみていく。持田の「幼保一元化」論の核心は、近現代日本において幼年期教育が二元化されているという事態が、「近代教育の本質」と関わっているという認識にある。幼・保が二元化されていることそれ自体が、近代教育思想の理念そのものの帰結だと考えられているのである。それゆえに、彼にとって、幼・保の二元性を分析することは、近代教育思想の拠って立つ基盤そのものを批判的に乗り越えようとすることであった。幼・保の「一元化」を試みることは、現代の資本主義社会における教育観と、それに基づいた教育制度を批判的に捉え、それを「変革」することにほかならないと持田はみていたのである。

　持田の幼年期教育に対する見方は、彼の近代公教育批判の理論に基づいている。持田の近代公教育批判の中心は、教育の「私事性」に対する批判に置かれている。つまり、教育する権利を、家庭内における親の私的な権利であるとし、親の教育する権利を組織化・共同化することで、公教育の制度が組み上がっているとする考え方、すなわち「家庭教育中心主義」を、持田は厳しく批判している（「家庭教育中心主義」は、「家庭保育中心主義」と表記されることもあるが、同義である）。「家庭教育中心主義」に立てば、教育の公共性は、私事である家庭教育を組織化・共同化することによって生まれるということになる。例えば、「家庭教育中心主義」の思想は、「国民の教育権」を提唱し、1960

年代以降の教育学をリードした教育法学者の堀尾輝久にも
見いだされる。「国民の教育権」論とは、1960年代、文部
省による教育内容への統制の強化を批判するために、革新
側から提出された権利論であり、国家が教育内容への統制
を行なうことを、「国民」である親（および、親からの信
託を受けた、「国民」としての教師）の教育権への侵害だ
として非難していた。具体的には、文部省が告示する学習
指導要領の合憲性が問われた一連の教育裁判において、文
部省が依拠する「国家の教育権」論を批判する際の理論的
根拠となっていたのが「国民の教育権」論である。堀尾の
「国民の教育権」論は、次のような特徴をもっている（堀尾
1971：8 f.）。

(1) 人権思想の系としての子どもの権利の確認と、そ
　　の教育的表現としての学習権ないし教育を受ける
　　権利の主張
(2) 親は、子どもの権利を実現させるための現実的配
　　慮の義務を負い、この義務を第一次的に履行する
　　権利をもつこと
(3) 教育の目的は、公民 citoyen の育成にではなく、人
　　間 homme の形成にある。この位相において、人
　　間の内面形成に与る「教育 education」と、内面
　　形成には関与せず、知識の伝達のみに限定された
　　「知育 instruction」は峻別されるべきであり、「私
　　事」として定位されるべき「教育 education」へ
　　の、国家権力による介入は否定されること

堀尾によれば、「公教育」は、平等主義・普遍主義に裏打ちされた「親の自然権」としての教育権を組織化・共同化することによって、「子どもの権利」を保障するものとして、公的な政治権力からは独立して運営されるべきである。そして、「公教育」は、あらゆる宗教組織から独立して「世俗主義」が貫かれ、知育のみに限定されて行なわれるべきであり、「良心の自由」に関わる内面形成を行なう徳育は、「公教育」からは排除されるべきだとされる。逆にいえば、徳育は、私事の領域である教会や家庭において行なわれるということが当然視されていたのである。

　堀尾の「私事の組織化」としての公教育は、国家＝公的権力によって拡充された「公民教育」に対して、「人権としての教育」を起点に、国家＝公的権力に包摂されないような、別の形での「公教育」の組織化を目指すものであった。

　堀尾に対し、持田は、親の自然権としての教育権は、資本主義社会においては、あくまで資本主義社会に適合する形においてしか発揮されず、そこからは資本主義社会の「変革」は生じないとみていた。というのも、持田によれば、「近代社会の現実においては、人間はマンパワー——労働力商品としてのみ現存」するほかないからである。近代社会においては、「教育」は「一定量の知識と技術と道徳を伝習し習得させることによってひとりひとりの人間をマンパワーに仕立てあげ」、人間一人ひとりを「規格化された能力」を有する個人に育成し、資本主義社会の原動力を再生産することが期待される。そして、教育を私事だと捉えるのであれば、私事の場である家庭において、子どもたち

は資本主義社会を支える労働力として再生産されていく以
外の可能性をもたないことになる。ここでいうマンパワー
（持田はマンパウワーとも表記する）とは、「人的資本」の
ことである。人的資本論においては、人間を生産のために
必要な「資本」と捉え、そこに教育という形で「投資」を
することによって、「資本」として人間の価値を高めていく
ことが目指される。

　近代の資本主義社会においては、私事としての家庭教育
には、つねに「親のエゴイズムへの傾斜」がみられる。そ
して、その「エゴイズム」の実現を「補完」するものとし
て、幼年期から高等教育に至るまでの「学校」が設けられ
るのである（持田 1972b：13）。近代における家庭と、そ
こにおける自然発生的な教育を、法律によって教育権とし
て位置づけても、それは資本主義社会における労働力（マ
ンパワー）として子どもを育てる親の自由を保障すること
にしかならないと持田はみる。つまり、「親の教育権」は、
近代においては「子どもの私有権」を意味しているのであ
り（持田 1972a：192）、それは子どもを資本主義社会にお
ける労働力（人的資本）として育てる自由を意味するので
ある。この事情は、幼年期教育においても当てはまる。

　近代幼児教育施設は、子どもを「マンパウワーとして形
成し、また彼らの母親たちをマンパウワーとして保護する
ことを目的」として成立してきた（持田 1972b：17）。幼
年期教育は、「近代教育の裏側の谷間におき去りにされて
いた」のだが、1960年代以降、技術革新が進み、それへの
対応が必要と考えられたこともあって、注目を集めるよう

になった（持田 1972a：16）。1960 年代は、持田が熱心に
幼年期教育に取り組みはじめた時期でもある。1960 年代当
時の幼年期教育改革の試みは、いわゆる生涯教育論と繋が
り合って、従来「小学校の低学年において教えていたこと
を 4、5 歳児において行なうことによって、マンパウワー
形成教育を効率化することに集約」されてしまっている現
状があるというのが持田の見立てであった（持田 1972b：
37）。現に、例えば1971 年の中央教育審議会答申「今後に
おける学校教育の総合的な拡充整備のための基本的施策に
ついて」（いわゆる四六答申）では、4 歳、5 歳児に対し
て、小学校低学年児童と同一の教育機関において一貫した
教育を行なうことで、教育効果を高めようとする「幼年学
校」構想が打ち出されていた。

　要するに、近代の資本主義国家においては、「家庭保育中
心の原則がみられ、公共保育はそれを「補完」するもの」と
してしか位置づけられてこなかったのである（持田 1968：
67）。それゆえ、近代の幼年期教育においては、「私的個人
の教育関係が大きくクローズアップ」されることになる。
つまり、そこにおいて基本となるのは「家庭における親子
間の教育」であり、これが幼年期教育のみならず、近代教
育全般においてみられる「家庭教育中心主義」の原則であ
る（持田 1972a：19）。

　ところが、資本主義が発達し、技術革新が進むと、それ
を反映して教育の内容も高度化していき、親の手に負えな
いほど難化する。「教育が科学化され技術化され専門化され
ると、すべてのことを親が家庭においてとり行うことがで

きなくなった」（持田 1972b：13）。それゆえ、「親は自らの
教育義務と権利を、そこで働く専門教師に委託するという
形をとる」（持田 1972b：13）。親の教育義務と権利を、専
門職として代理して実現すること、ここに、現代における
教師、幼年期教育においては保育者の役割がある。

　発達した資本主義社会、つまり「教育がマンパワー形成
として現前している現実では、学校はどうしても一定の資
格を取得するために一定量の知識と技術と道徳を伝授し習
得する場となり、主知主義的なもの」となってしまう（持
田 1972a：30）。ここでいう「主知主義」というのは、人間
形成よりも、認知発達にウェイトを置き、知識・技能の伝
達、いわゆる知育を重視する立場である。

　近代教育では、知的教育と人間教育が分離してしまって
いる。知的教育を担う学校教育は、生活の文脈から切り離
されて抽象化・観念化された知識や技能の教え込みを行な
う場だとされてしまい、人間教育、道徳教育を担う家庭教
育とのつながりは断ち切られてしまう。持田は次のように
いう（持田 1972a：14f.）。

　　知的教育が人間を疎外した形でもっぱらパンのために
　追求されるとともに他方そのゆえに人間そのものの教
　育がすぐれて抽象的観念的な形で強調され、両者は別
　個の二つのものと考えられ、しかも、その二つのもの
　が補完し合うものと考えられます。

そして前者を学校教育が、後者を家庭教育その他が担うものとされました。この点と関連して西欧の近代教育学においては、「教育」「インストラクション」（Instruction——知識技術の教育）と「エデュケーション」（Education——人間そのものの教育）とつかいわけるのが伝統となっています。

　それゆえ、近代学校教育における教師は、子どもに対して、単なる知識・技術・道徳を「与える」専門職、つまりインストラクション（知育）を行なう専門職としてのみ位置づけられてしまうのであり、子どもとの共同的な「生活」を介して、互いに人間形成を深めていく生活主体としては捉えられなくなってしまうのである。専門職としての教師には、エデュケーション、人間として人間を育てるという役割が求められることはない。

　ところが、本来子どもは「三歳児ともなれば、彼らは親の思惑のいかんにかかわらず、一個の社会的存在として自らの生活をもっている」と持田は断言する（持田 1984：21）。持田は、共同的な生活の主体として子どもをみるということを大前提に据える。それゆえ、子どもと共に生活する保育者や親も、同時に、共同的な生活の主体であることが求められているのである。

　子どもを、教師・保育者たちと共同的な生活を送る主体として捉え、社会的な関係性の中で人格形成していくという事実を見失うとき、子どもは、教師・保育者、親による意図的な関与がなくても、「自然」に成熟を遂げていくはず

だという放任的な発達観ないし教育観が生じてくる（持田
1984：21）。

　　幼年期教育を親の私事と考え、家庭における保護と教
　　育とをその基本とする従来の市民社会において伝統的
　　にみられた考え方には、子ども、特に幼年期の子ども
　　を社会の矛盾にかかわりのない純粋無垢な非社会的存
　　在とみなし、このゆえに、親が社会的風波から彼らを
　　守る防波堤の役めを果たし、彼らを社会的矛盾や政治
　　的現実から切り放せば、彼らは自然にスクスクと成長
　　するという神話が予定されている。だから、彼らは系
　　統的な教授＝学習活動や集団的規律の訓練を必要とし
　　ないという観念が前提とされている。

　子どもに対して、大人が極力介入しないことが子どもの
望ましい成熟を可能にするという発達観と、そこから派生
してくる放任的な教育観を、ここでは「自然成長論」と呼
んでおこう（鈴木 1973：178）。持田が批判しているのは、
教師・保育者の責任を放棄した、放任的な「自然成長論」
なのである。

2. 近代における幼児教育施設の分離と「幼保一元化」への展望

　持田によれば、近代における幼児教育施設は、厳密にい
えば三つの類型に大別される。すなわち、①幼稚園、②保
育所、③幼年学校であるが、これらはいずれも国家によっ

て「上から」組織されたものであり、「教育」ないし「保護」を与える施設であるという共通性を持つ（持田 1972a：22）。これらの幼児教育施設は、理念としては、「子ども・親・教師の「生活」共同の場たることをめざしながらも、現実には、生きた子どもの生活からは遊離した存在」となってしまってきた。その原因として特に、子どもの生活を、「個人」の生活としてみるという特質があった（持田 1984：225）。つまり、子どもの生活の社会的・共同的な性格を十分に把握することができていなかったというのである。

　持田によれば、近代における幼児教育施設は、まずは、幼児の「保護」施設として成立し発展してきた（持田 1972a：23）。これが、①保育所の原型である。イギリスなどの先発資本主義国では、女性労働・児童労働が一般化し、その困窮が社会問題化していたことが、その背景にある。「保護」施設としての幼児教育施設は、「救貧と治安、婦人労働力の確保という観点から組織されたもの」であったため、「母親である婦人労働者も彼女たちの子どもたちも「人間」としてはとり扱われず労働力としてだけその保護の対象とされた」（持田 1972a：24）。「保護」を目的とする幼児教育施設においては、人間形成、人間教育は二義的にしか扱われなかったのである。「保護」を与えるための施設を設置したのは、あくまで「市民階級」、すなわちブルジョワジーであった。「市民階級が勤労大衆の子弟にかける期待は決して彼らの知的関心の開発や人間的向上ではなく、自律的能力の育成」におかれた。保育所は「市民階級が慈恵的および労務管理上の必要から勤労大衆とくに婦人労働者のために

つくり出したもの」（持田 1984：172）であったから、あく
まで市民階級の利益に合致するように作られた施設であっ
た。市民階級、すなわちブルジョワジーは、保育所に対し
ては「教育施設」ではなく、「保護」の機能を果たすことの
みを期待していた。つまり、保育所は、従来もっぱら「保
護」機能を担うものとされ、そこにおける幼児「教育」は
第二義的なものとしてしか考えられてこなかったのである
（持田 1984：51）。

　一方、②幼稚園の原型とされている、フリードリヒ・フ
レーベルの幼児教育施設であったキンダーガルテン（1840
年設立）は、家庭における子ども部屋での子どもの生活を
発展させようとしたものであったという（持田 1972a：25）。
幼稚園は、「母親たちに家庭保育のあるべき範型を提示す
るために創設」された家庭のモデルであった（持田 1984：
172）。幼稚園は、家庭よりも家庭的であることが求められ
たのである。家庭的な雰囲気に満たされた場としての幼稚
園においては、「自由にして自主的な自由人に幼児の内面的
心情を育てあげることに力点がおかれた。資本主義の初期
の段階、いまだに工場生産が十分に発達しなかった田園牧
歌の時期においては、市民階級は彼らの子どもたちにたく
ましい自由人としての内面的心情を形成することを期待し
ていた」。事実、フレーベルが、1840 年代にキンダーガル
テンの普及に努めていたのは、ブランケンブルクというド
イツ内陸部の小都市であり、当時は、統一前のドイツの諸
邦が産業革命に突入する直前期であった。ところが、資本
主義が高度化していくにつれ、「私的関心によって裏づけら

れない内面的心情は現実的には無力であり、子どもの自主
活動も外界に対し創造的に働きかける知的活動と結合され
ないかぎり抽象的なものに終わる」という、「現実遊離的傾
向」が批判されるようになった（持田 1984：172）。資本主
義が発達していくなかで、幼年期教育においては、内面的
心情を重視する家庭的教育以上のものが求められるように
なっていったというのである。

　幼稚園における内面重視の性格を方向づけたフレーベル
の人間観ならびに教育観について、持田は次のように述べ
ている。

　　　フレーベルは、自然と精神は分離対立するものでは
　　なく、両者は一層根源的な普遍的絶対自我があらわれ
　　たものとして、根底においては一つに会するものだと
　　考えるシェリングの同一哲学の浪漫主義的立場［理性
　　よりも、感情・心情などを尊重し、自然との一体化を
　　目指す思想］に立っていましたから、彼が説く幼児の
　　作業や自主活動は、現実に働きかけ科学的知性を発展
　　させるものというよりは、内なる人格を深化させるも
　　のと考えられ、折角の作業教育が宗教教育と一体とし
　　てのみとらえられたわけです。（持田 1972a：26）

　それゆえに、フレーベルが強調する「あそび」は「子ど
もの生活実践としてのリアルなあそび」ではなく、理念化
され象徴化された、いわば形式的な「あそび」となってし
まったという。形式化された遊びは、教師によって「上か

ら」「与え」られる遊びとなってしまった（持田 1972b：
19）。例えば、明治初期の日本の幼稚園においては、フレー
ベルの開発した教具であった恩物を使用する活動は、教師
が主導する一斉活動となってしまっていた。

　その一方で、幼稚園における「遊び」はあくまで家庭にお
ける遊びの延長であったから、遊びの「学習」としての側
面が強調されることはなかった。むしろ、幼稚園における
遊びの強調は、学習の「拒否」につながったのである（持
田 1972a：26）。

　その背景には、人間の能力は生まれつき決定されていて、
その能力は発達の過程で遅かれ早かれ発現してくるはずだ
という成熟説的な能力発達観があった。「近代の幼児教育の
世界では、どうせ人間の能力は先天的に決まっているのだ
から、能力ある子どもであれば将来必ず力を発揮するはず
である。だから、幼児の時くらいはノンビリと遊ばせてやり
たい、といった式の能力観が強くみられた」（持田 1972b：
16）ことが、系統的な学習を軽視することにつながったと
いうのである。その結果、「教育施設とはいっても「学校」
とは区別され、そこでは、すでに子どもたちが知的関心を
もっているのにもかかわらず、それを系統的に発展させる
こと」はなくなる（持田 1972a：26）。

　従来の幼稚園は、伝統的に「教育」機関として位置づけら
れ、「保護」機能を担わないものとされてきた（持田 1984：
50）。そして、幼稚園においては、「自由にして自主的な自
由人に幼児の内面的心情を育てあげることに力点がおかれ
た」（持田 1984：172）。内面の発達に焦点があてられたた

め、子どもへの保育者の側からの積極的な働きかけは、むしろ避けるべきものと考えられてきた。

　従来、幼児教育関係者の間では、子どもの成長発達は、かれらの内奥にひそむものによるのであり、われわれはこれを引き出すことはできるが、それを作り変えることはできないという自由主義的教育観が広く支持され、無作為の教育こそが最上の教育だとされてきました。その結果、幼児においては系統的な教育が退けられ、「あそび」を中心に自然のままにのびのび育てることが追求されてきました。（持田 1984：278）

　ところが、無作為・放任的な保育において育つ内面的心情というのは、社会的現実に働きかけ、それを変革するような力をもたない。「私的関心によって裏づけられない内面的心情は現実的には無力であり、子どもの自主活動も外界に対し創造的に働きかける知的活動と結合されないかぎり抽象的なものに終わる」（持田 1984：172）というように、幼稚園は「現実遊離的傾向」を有していることが批判されつづけてきたのである。つまり、従来、「幼稚園教育においては子どもの生活をリアルにつきつめることをしないで、これを神聖視し浪漫化する傾向が強かった」といえる（持田 1984：179）。

　以上みてきたように、成立の目的と機能を異にする幼稚園と保育所の関係を取り結ぼうとするとき、様々なパターンがありうると持田はいう。

　第一に、幼稚園、保育所をそれぞれ別系統の施設として
設置し、一定の事項について共通化を図る形である。施設
の二元性は維持しつつも、機能および内容の一部分につい
て整合を図るものである。戦後の日本はこの形態に属する
（持田 1972b：58）。

　第二に、3 歳児以上を学校教育機関としての幼稚園で保
育し、低年齢児は「保護」施設に収容するという形である
（持田 1972b：59）。低年齢児を保育所で、高年齢児を幼稚
園で保育するというように、年齢によって通う施設を区別
する形である。イギリス、フランス、アメリカなどにおい
ては、旧来の幼児の保護施設を教育的に再構成することに
よって「幼年学校」を主体とした幼年期教育体制を確立し
ていた。それらの諸国では、乳幼児は保育所、3 歳児以上
は学校としての幼児教育施設という形で二元化されている
が、同一年齢についてみるかぎり、施設は一元化されてい
る（持田 1972b：25）。持田によれば、3 歳を区切りとして、
幼稚園と保育所を二分する構想は、「学校教育と家庭教育を
機能的に区別し、前者を知的教育を中心とした系統的教育
の場としてとらえるのに対し、後者を「保護」をふくめた
人間そのものの教育として、位置づける西欧近代における
発想」によって成立しているという（持田 1972a：217）。

　第三に、施設としては保育所に一本化するが、その中に
幼稚園課程を含め多様なプログラムを包摂する形である。
いわば保育所の中に幼稚園的機能を包摂してしまう形であ
る。持田によれば、当時の西ドイツがこれに該当する（持田
1972b：60）。「ドイツでは、家庭教育を補完するための社会

教育施設という形で幼稚園が普及したが、特権的な幼稚園と貧民救済的な託児所が二元化されており、幼稚園に続いて託児所が成立するという経緯をたどった」（持田 1972b：26）。この経緯を踏まえ、後発の託児所＝保育所に、既存の幼稚園を組み込もうとする一元化の形である。

　第四に、幼稚園、保育所という二つの制度を統合し、「第三」の幼児教育施設を創設する形である。1959 年以降のソヴィエト連邦など社会主義諸国でみられる形態である。ソヴィエト連邦においては、教育省の管轄下に、幼稚園と保育所を統合した「保育＝幼稚園」を置いていた。持田は、この第四のプラン、すなわち「第三」の施設新設と、それへの幼・保の発展的解消による統合を支持している。彼によれば、「現在の幼稚園でもなければ保育所でもない「第三」の幼児教育施設をつくりだしていくことこそが、「幼保一元化」の課題」にほかならないのである（持田編 1979：154）。

　従来みられた幼児教育施設は、幼稚園にしても幼年学校にしても、「生活、あそび、学習という本来統一的にとらえられなければならないものを機能的に分解し、保育所は子どもの「生活」を、幼稚園は「あそび」を、そして、小学校は「学習」を保障するものと考えられてきた」（持田編 1979：154）。つまり、統一体としての子どもの活動、およびその活動の場を、機能を基準にして三分割してしまい、それらが幼・保・小という相異なる三つの教育施設に別々に割り当てられているというのである。持田によれば、子どもの活動とその場の分解を克服し、「現在の幼稚園でもなければ保育所でもない「第三」の幼児教育施設」を創出す

る必要がある。このような統合の取り組みを、持田は「幼
保一元化」の課題として受けとめていたのである（持田編
1979：154）。

　既にみたように、持田の幼年期教育分析の大前提は、そ
れが「家庭保育（教育）原則主義」に立っているというこ
とであった。すなわち、「家庭教育こそがいっさいの教育の
基礎とされ、それを補うものとして学校教育が位置づけら
れる」（持田編 1979：132）のが、幼年期教育のみならず近
代教育の特質なのである。近代初期において「私学の自由
がみとめられるようになってはじめて、絶対君主の教育独
占を退け、ひとりひとりの親——市民がわが子の教育を自
らの思想信条にしたがってとり行う自由を獲得した」（持田
1984：289）。つまり、自らの子どもの教育権を、自由権と
して主張することにより、専制国家による干渉から守ろう
としたのである。

　ただ、現代において、「家庭保育（教育）原則主義」に基
づいて公教育のみならず幼年期教育を捉えることは不適切
であると持田は述べる。というのも第一に、「家庭」には、
既に資本主義に由来する社会問題が浸透してしまっている
ということである。持田はいう。「家庭は、社会諸矛盾から
隔離された「自由の砦」—— 聖域だとする考え方がみられ
ますが、「家庭」も資本主義社会の一翼に位置し、労働力再
生産の機能を担うものであり、現実の社会諸矛盾は、「茶
の間」にも浸透している」（持田 1984：262）。ここでいう
「社会諸矛盾」は、社会問題という程度に理解すればよいで
あろう。家庭は、既に資本主義社会の諸矛盾の中に組み込

まれてしまっているのであるから、家庭を拠点として、近代教育を変革したり、社会を変革したりすることはそもそも不可能である。持田によれば、家庭保育原則主義の背景には「教育によって社会を変革しようとする志向」があるが（持田 1984：263）、それは夢想にすぎない。「教育による社会変革」という発想の背景には「教育を社会的現実から超越した価値的なもの、「聖」なるものとしてとらえる考え方が前提とされているが、「家庭」同様、「教育」も社会的諸関係によって規定され、社会諸矛盾を集約しているものというべき」だからである（持田 1984：263）。つまり、家庭と教育は、関連づけて捉えられなければならない。

　第二に、近代の資本主義社会の中では、「家庭」が崩壊しつつあるということである（近代の資本主義社会における「家庭」の惨状については、19世紀中葉には既にフリードリヒ・エンゲルスやカール・マルクスがその著作『イギリスにおける労働者階級の状態』や『資本論』などの中で糾弾しているとおりである）。持田によれば、「保育施設の成立と発展は、資本主義が高度化する過程において家庭教育が崩壊したことに対応するもの」（持田 1984：171）である。当然のことながら、「家庭」における保育が「欠ける」ようになったため、保育所において家庭保育を「補完」する必要が生じたのである。この事情は、幼稚園にも当てはまる。幼稚園は、「家庭教育が崩壊していく現実のなかでこれをくいとめ、これを建てなおしていくために、母親たちに家庭保育のあるべき範型を提示するために創設されたもの」（持田 1984：172）であるという。つまり、幼稚園は、

崩壊した家庭を再興する際、家庭のモデルとなるべきものとして創り出されたものだというのである。

　一方で、保育所に関していえば、それは「保護」を必要としない子どもには関与しなかったわけであり、それゆえ、保育所は限定された対象者への「福祉」として位置づけられてきた。しかしながら、「福祉」が、単に「貧困者に対する物的生活の保障のみを意味せず、すべての人間の精神的物質的生活を健康なものとすることを意味するならば、人間の精神的発達を豊かなものとすることはそれ自体重要な福祉の課題」だということもできる（持田 1984：251）。つまり、「福祉」概念を普遍化していくことで、既に教育を受ける権利として普遍化している「教育」と重ね合わせることができる。保育の場において「福祉」と「養護」がオーバーラップしあうとき、持田のいう「幼保一元化」が実現するのである。

3．戦後日本における幼年期教育の現状

　前節でみた幼・保の分離という事情は、日本でも同様に生起したと持田はみている。近代日本においては、幼稚園は「一部特権的指導層の飾物的存在」として登場した（持田 1972b：26）。つまり、子どもの生活とは遊離した、海外からの輸入物として幼稚園はスタートした。具体的には、フレーベルの考案した恩物の使用マニュアルに則った形式的な保育が展開されることになった。日本初の官立幼稚園として知られる東京女子師範学校附属幼稚園は、1876 年に開園しているが、通園していたのは華族や富豪の子どもたち

に限定されていた。そのような特権的だった幼稚園は、明治後期から大正にかけて徐々に園数を増やし、新興中産階級の子どもたちを取りこみながら普及していく。特に大正以降の幼稚園の拡大は、私立園の増加によるものであった。

しかし、戦前日本における幼稚園の大衆化は、幼稚園教育を義務教育化し、無償化するところまで目指してはいなかった。「当時の生活情況からみると勤労大衆の幼児の多くは実質上その枠外に放置されることとなった」。つまり、「幼稚園の大衆化を志向し、幼稚園のなかに「保護」機能をくみ入れることを課題としては自覚しながらも、そこにおいては以前、子どもの生活を理念化してとらえる自由主義的幼児観が堅持されていた」（持田 1972b：29）。戦前における幼稚園普及運動の先頭に立った幼児教育学者の倉橋惣三は、「現代の子供は都会が与える神経系統上の迫害に堪える、すなわちこれと戦って、これに堪えていくだけの準備をしなければならぬということが新しい時代の必要となっている」とし、都市部における幼児の生育環境の変化を懸念していたというが、持田によれば、子どもに対する捉え方は「抽象的、一般的」なものに留まり、倉橋においては、都市部の「有産階級の幼児」だけが念頭に置かれているということは自覚されなかった（持田 1972a：41）。そこで見落とされていたのは、生活の上で「保護」を必要とする貧困家庭の子どもたちの実態であった。

一方で、保育所の原型である託児所の成立の経緯は、幼稚園とは全く異なるものであった。託児所に代表される戦前の「勤労大衆の幼児に対する保護施設は、西欧諸国と同

様わが国においても、人道的な私人や私的団体、とりわけ宗教団体による慈恵的社会事業として、また、企業を主体に労務管理の一環として組織化」されることになった（持田 1972a：44）。明治後期以降の託児所には、キリスト教、仏教などの宗教家の篤志によって、東京・大阪などの大都市部の貧民街に設立されたものが複数存在していたと同時に、多くの女性労働者の勤務する工場内（鐘ヶ淵紡績、東京紡績などの紡績会社や、三井田川鉱業所、三菱金田炭鉱などの炭鉱）に託児所が設置された例が知られている。これらの託児所は、いずれも私立であった。あくまで親、特に母親の労働力を確保するための「労務管理」にすぎなかった保育所（戦前の日本においては一般的に「託児所」と呼称されていた）は、それゆえに、幼稚園とは目的・内容において区別されることになった。

　戦後の学制改革の一環として制定された学校教育法（1947 年施行）により、幼稚園は「学校化され、幼稚園は依然「保護」機能を欠落した形で運営されることとなった」（持田 1972b：33）。幼稚園に「教育」が、保育所に「保護」が、それぞれ機能的に割り振られ、保育所が児童福祉法（1948 年施行）において児童福祉施設として法定化されると、両者の制度的な分離も明確となった。

　保育所保育と幼稚園教育の関係性について規定した 1963 年の中央児童福祉審議会（旧厚生省児童家庭局の管轄）の答申「保育問題をこう考える」は、次のような七原則を打ち出し、家庭保育を保育の前提とし、それを保育所保育のモデルにするという立場を明確にした。

①両親による愛情にみちた家庭保育

②母親の保育責任と父親の協力義務

③保育方法の選択の自由と子どもの母親に保育される
権利

④家庭保育を守るための公的援助

⑤家庭外の保育の家庭化

⑥年齢に応じた処遇

⑦集団保育

　この七原則は、教育における母親役割を重視し、教育の
基盤をあくまで家庭に置いたうえで、保育所保育のモデル
を母親による「愛情」に据えて、保育所保育における能力
の育ちが軽視される結果を生み出した（持田 1972a：112）。
1965 年に厚生省児童家庭局長から通知された保育所保育
指針においては、保育所保育における「養護と教育の一体
性」が強調されている。教育は養護と一体なのだ、養護の
中に教育が含まれているのだという主張を押し出すことに
よって、「現実には子どもの学習の組織化、知的能力の開発
を軽視したスキンシップの教育、素朴で観念的な情愛の教
育が免罪」され、維持されていくという事態を持田は危惧
している（持田 1972b：62）。保育方法の原理を、愛情の自
然な発露においてしまったら、保育内容の系統化などは保
育者の意識にはのぼらなくなってしまう。

　この状況に変化を生じさせたのは、資本主義の高度化と
いう外圧であった。日本が高度経済成長の只中にあった
1960 年代、「世界各国で技術革新と情報化が進行し、いま

までの教育のあり方をこの際あらためないことには、教育
の本質的なあり方を保障することはもちろんのことマンパ
ワーを効率的に形成することも不可能」であるという認識
が一般化した（持田 1972a：66）。第2章において詳しくみ
るように、日本における1960年代は、生涯教育論の興隆を
受けて、「マンパワー」育成のための教育投資として、幼
児教育の振興が政策化されていった時代である。具体的に
は、1961年の参議院文教委員会の幼児教育振興に関する決
議、63年の文部省による「幼稚園教育振興計画」（七カ年）
の策定、翌64年の幼稚園教育要領の告示が、「マンパワー」
育成のための具体的施策といえよう。1956年通知、64年
告示の幼稚園教育要領における保育内容の「領域」が、小
学校以上の「教科」に対応するものと捉えられることによ
り、「幼児教育の系統化」が、幼稚園の「小学校」化として
帰結してしまった（持田 1972b：56）。

　1960年代の幼年期教育改革は、「小学校」化する幼稚園が
学校教育機関としての傾向を強めていく一方、保育所は幼
児保護施設として普及していき、その一方で保育所への収
容対象となる子どもが、家庭において「保育に欠ける」子
どもだけに厳格に限定されていく時期であった。それゆえ、
60年代を通して、「保育に欠ける」子どもが「保護」を受
ける保育所、「保育に欠けない」子どもが「教育」を受ける
幼稚園というように、従来の幼保の二元性はより強化され
たと持田は断じている（持田 1972b：57）。

4．幼稚園教育要領・保育所保育指針における保育内容の
　　規定への批判

　1964 年に文部大臣によって告示された幼稚園教育要領、
およびそれに合わせて 1965 年に厚生省児童家庭局長に
よって通知された保育所保育指針においては、保育の目標
が、可視的な行動がとれるようになること、すなわち「到
達目標」として記載されているように読めることを持田は
問題視している。同要領では、幼稚園教育の内容を「幼児
に指導することが望ましいねらい」として列挙することに
よって示していた。持田は、その「望ましいねらい」が、
ねらいに示された行動を子どもができるようにすること
だ、というように、子どもの行動の表れを強いることに繋
がりかねないことを危惧している。つまり、ねらいの群が、
「××が出来るようにする」といった指摘として、保育者
に受け止められてしまう（持田 1972a：248）。「子どもの
生活的実践が現象的経験的にとらえられているから、教育
のねらい、到達目標——さまざまの能力が、実践的に、ダ
イナミックにとらえられず、静態的に整理されている。ど
うすればそのような能力を身につけることができるのか、
そのプロセスをくわしく説明することをしないままに到達
目標だけが示されている」（持田 1972b：72）。保育所保育
指針においてもそれは同様である。つまり、要領・指針で
は、到達目標としての能力（の発揮）だけが、互いに無関
連に羅列されているのであり、保育者がどのように行動す
れば、そのような能力が獲得されるのかという方法論が欠
けている。それゆえ、保育者は、能力を可視的な行動とし

て発揮させることに力を入れてしまうため、能力の発揮と見なされるような可視的行動を子どもがすることを、強制したくなってしまうのである。そのような保育は、子どもの主体性を度外視した、保育者主導の「与える」保育というほかない。幼児教育施設においては、子どもと教師の関係は「教育をうける者と与えるもの」として、絶対的に区別されてしまう（持田 1972a：22）。そこでは、子どもと保育者との間に、社会共同的な相互作用は生じない。

　「与える」保育は、実際には「時間割」による保育として実施されることになる。保育実践における幼保一元化、すなわち保護と教育を統一すること、および、教育において「遊び」と「学習」を統一していくことは、「現在、一般的に「幼稚園」や「保育所」においてみられるように、一日の時間割のなかにそれぞれを位置づけ、いまは「保護」の時間、それが終わったらつぎは「遊び」の時間、そのまたつぎは「学習」といった形に羅列することでことがすむわけではない」（持田 1972b：71）。「時間割」が作れてしまうということは、保育者がコントロール可能な可視的行動によって、子どもが経験していることが養護なのか教育なのか、あるいは遊びなのか学習なのかが、保育者によって判断され、一方的に「時間割」の上に割り当てられてしまうということである。

　ただ、「与える」教育としての「形式的な知的教育」を批判するのに、かつてのフレーベル主義者がそうしたように「抽象的で理念的な人間教育を対置したのでは、それを根本的に批判」したことにはならない（持田 1972a：160）。

なぜなら、そこでは、〈科学に基づく知的教育／情愛に基づく人間教育〉という近代的な二項対立がそのまま持ち込まれ、繰り返されているからである。この両者を、統合することこそが、「現在」においての教育・保育の課題であるはずなのであった。近代においては二元化され分裂していた知的教育と人間教育を、「科学」と「人間」を再統一するところに現代教育の課題があると持田は強調する。

さらに、保育内容を捉えるための枠組みである「領域」は、1964年幼稚園教育要領の場合、健康・社会・自然・言語・音楽リズム・絵画製作の六領域として設定されているが、これらは「本来並列されるものではない」（持田 1972a：249）。なぜこれらの六領域なのか、そしてなぜこの順番に配列されているのか、さらに六領域間の関連づけがどのようなものなのかについては、幼稚園教育要領の中では明らかにされていない。

持田によれば、幼稚園教育要領は、「アメリカのプラグマティズムの教育学を基礎としたものであり、その領域区分（いわゆる6つの領域）は科学的論理的に構成されたものというよりは幼児生活経験を便宜上整理したものであるから、果して、それによって現実の幼児の科学的認識と芸術的想像力を系統的に育てあげることが出来るかどうか、また、かれ等の内面的心情と主体性を深化させることが出来るかどうか、ということとなると検討さるべき数多くの問題点を含んでいる」（持田 1968：69）。ここで持田が批判しているプラグマティズム教育学というのは、戦後日本において、アメリカの教育学者ジョン・デューイの思想に基づ

いて展開された、経験主義教育学のことである。知識は、子どもが自分の経験として環境と関わり合うことで構成されていくのだと考える経験主義教育は、子ども自身の生活のなかでの主体的活動を重視したものの、それが科学的な体系的知識の獲得には結びつかないのではないかという批判が、主にマルクス主義思想に立つ教育学者から出されていた（船山 1958）。持田の経験主義教育への批判も、同様の主旨である。

　保育内容を系統化する際には、各領域間の構造的な関係性、および領域間のレベルの相違を考慮に入れる必要がある。持田のみるところ、領域が単なる無思慮な並列になってしまっているのは、子どもの能力発達を、個別独立の複数の能力開発の総和だと捉えることから生じている。「子どもの主体的実践を掘りおこし、そこにおけるかれ等の自主的自己形成を発展させていくという問題意識が欠落していることとかかわって、言語・数・絵画・音楽・リズムといった一つ一つの能力の開発については問題となるが、かれ等の能力を全面的に開発することは意図されていない」（持田 1972a：74）。つまり、複数の領域が、複数の能力と同一視されてしまっているのである。子どもの能力は、別個に獲得される複数の能力の寄せ集めであるのではない。本来、子どもの能力は、「自主的自己」という核心を軸にして統合的・総合的・全面的に発達していくものなのであり、そのような諸能力の総体的な発達こそが、人間形成を意味しているのである。端的にいってしまえば、能力を「与える」ことはできるかもしれないが、人間を「与える」こと

はできないのである。人間という統合体において、諸能力はどのように有機的に結びつくのか、そのような諸能力の結びつきは、どのような保育方法によって実現していくのかを、系統的に捉え、カリキュラムとして構造化していかなければならないのである。

5. 公共圏としての保育へ

　持田は、本来の教育、そして保育も、社会共同的な集団生活のなかでの人格の自己形成を軸にしているべきだと考えていた。それゆえ、「保育の権利」は、「保育を受ける権利」というよりは、子どもの「自主的集団的自己形成の権利」として理解されるべきである（持田 1972b：66）。持田にとって、幼年期教育のモデルは、「露地裏」で遊ぶ子どもの姿の中にあった。そして、「露地裏」での遊びにおける自然・人間・社会との相互作用の経験は、成人して以降の「労働」にも共通するような、総合的・実践的な学びを生むという（持田 1972b：65）。

　　幼児は露地裏の「遊び」のなかで、自然・人間・社会について彼らなりにさまざまのことを学び、身につけていく。勤労青年は日常の労働をとおして、生産に必要な技術を習得するばかりでなく、人間としてのあり方を身につけ、社会諸関係についての認識を発展させていく。このように人間は、生活実践を通して環境に働きかけ、これをつくりかえてゆく過程で社会的諸関係をとり結び、そのなかで、みずからを変革し発展させていく。

　「保育の権利」は、教育権と同様に、生存権、生活権を保障することと密接不離のものとしてとらえられなければならない。従来、保育は、特定の子どもの「保護」として、つまり特定の恵まれない条件にある子どもに特殊な機能と考えられてきた。「保護」の機能が、特殊な子どもに対して限定的なものだと捉えられたために、「保護」が、教育制度のなかに正しく位置づけられてこなかったと持田はみている。「保護の機能」を、「教育の機能」の一つとして位置づけなおす必要がある。特殊な機能であった「保護」を、普遍的な機能であった「教育」の中に取りこむことで、「保護」と「教育」が機能的に一体となった「保育の一元化」を実現しようというのである。

　持田によれば、本来一体であるべき子どもの「保護」と、「遊び」・「学習」に対する関与としての「教育」が分離することは、「保護」機能を果たす施設と、「教育」機能を果たす施設を分離させてしまうというのである（持田 1972b：17）。子どもの人間性尊重、能力の全面的開花のためには、子どもたちの「生活、とくにその肉体的、物質的生活を保障する「保護」の仕事と、その活動を育てる「遊び」、そして「遊び」活動のなかで自主的に育つ認識と芸術的想像力、集団的規律をより系統的なものとして発展させるための「学習」と教育的働きかけ、この三者が有機的に統一されていることが必要」なのにもかかわらず、これら「三つの機能はきりはなされ、そのいずれかが強調」されて現在にいたっている。これら分化してしまった三機能が、幼児教育施設の三類型、保育所・幼稚園・幼年学校にそれぞれ分

断されることにより、二元化ないし三元化が生じてしまったのである。

　幼児教育施設の分裂を乗り越え、幼年期教育の再興を図るためには、幼児教育施設と、家庭との関係性を再吟味することが必須である。というのも、持田によれば、幼年期教育に限らず、日本においては学校教育と家庭教育の分離が不明確であるがゆえに、「学校教育がなんでも背負っている」という状況があり、一方で「家庭教育というものの独自な領域」がないという事態が生起している（持田 1984：350）。重要なのは、学校教育の機能強化よりも、家庭教育の独自領域はどこなのか、家庭教育の領域が失われているのではないか、と問いなおすことだと持田は考えているのである。

　この問いへの持田の暫定的な回答は、子どもへの教育・保護の基本的機能を幼児教育施設が担い、その機能を子どもが体験して、それを生活に実践し、身につけていく場が家庭だとすべきだというものである。いわば、子どもの発達支援の基礎的部分を園が、それを前提とした応用的部分を家庭が担うべきだという発想である。これは、いうまでもなく、家庭教育こそあらゆる学校教育の原型であり前提であると見なす近代教育思想、すなわち「家庭教育中心主義」を逆転させた発想にほかならない。彼はいう。

　　幼児の教育と保護の作用のうち、基礎的な部分を多くの幼児を対象として行なうところに園の任務があり、園で教えられ続けられたことを現実の生活のなかで一

人ひとりの子どもに定着させていくのが家庭教育の課
題だ（持田 1984：174）

　持田において、基礎段階としての園教育と、応用段階と
しての家庭教育は、両者が統合され一元化されることが必
要である。当然のことながら、どちらか一方を、他方に解
消させてしまおうとすることは避けられなければならな
い。園教育と家庭教育は、お互いに相違しながらも、有機
的に関連しあうことが必要なのである。持田は、家庭教育
と園教育の違いを、次の3点にわたって指摘している（持
田 1972a：204）。

(1)　家庭教育は生活そのもののなかで行なわれるもの
　　　で未系統であり応用的です。これに対し園の教育
　　　は、一定のプログラムにもとづいてすすめられる
　　　ものであり、系統的であり基礎的です。
(2)　家庭における教育は親子の情愛関係を基礎として
　　　います。だから、絶対的である反面盲目的となり
　　　やすい、これに対し、園の教育は一定の教育科学
　　　的知見と専門的教育技術に裏づけられたものです
　　　から、つねに「教育」的である反面他人行儀の冷
　　　ややかさがあります。
(3)　家庭教育は個別的であり、異なった年齢の者の間
　　　の相互作用であるのに対し、学校教育は同一年齢
　　　の者を対象としつねに集団的に営まれる点で特徴
　　　があります。

持田は、家庭教育と園教育を、〈未系統／系統〉、〈応用的／基礎的〉、〈情愛／教育科学〉、〈個別的／集団的〉、〈異年齢／同年齢〉というように、いくつかの特徴を捉えて対比しているが、どちらかだけを肯定し、どちらかを否定しているというわけではない。持田にとって重要なことは、園教育が基礎をなし、家庭教育がそれを応用する場であると捉え、両者の関連を明確化することである。

園教育が基礎的な段階であるということは、持田の教育観・発達観、すなわち人間の人格形成は、つねに社会共同的な場でなされるという思想に由来するものだろう。子どもは、社会共同的生活の場である園教育で体得したことを、家庭において試行的に応用すると捉えられている。園教育による経験が、子どもの家庭教育をより充実したものにさせると考えられているのである。

持田において、家庭教育も、社会共同の場として開かれていくことが必要である。社会共同の場における関係性は、相互的な人間的承認によって特徴づけられる。家庭教育における親子関係も、承認関係を基盤とするべきである。しかしながら、親子の承認関係は、狭い二者ないし三者関係のカプセルに閉じ込められるべきではなく、親子関係が、いわば水平方向につながり合って、新たな関係性の場を構成していくことが求められているのである。持田はいう。「子どもと親の関係は、保護・扶養されるものとそれを与え行なうものという関係をこえて、両者が人間として、お互いを認めあうべきである。また、子どもの教育はひとりひとりの親個人が私的に占有すべきではなく、社会共同の事

業として考えられるべきである。そのためには、子どもの
教育を受ける権利を、ひとりひとりの親個人が保障すると
いう体制に変わってこれを社会共同の事業として運営して
ゆくことが課題となる」（持田 1972b：69f.）。

　水平的な相互承認の関係が連鎖していくこと、これを持
田は公共性のモデルと見なしていた節がある。持田は、「教
育の公共性」を、教育が「勤労人民の共同の利益」を保障
して、「社会共同の事業」として創り上げていく中から生ま
れるものだとする。そのような公共性は、国家による「上
から」の「教育の公共性」の問題点を明らかにし、それを
変革していくことを課題とすべきだと信じていた。持田は、
戦前からの教育行政学のように、「教育法制を中心とした教
育の国家基準にしたがうことをもって「教育の公共性」と
考える」ような、「上からの公共性」を厳しく斥けている
（持田編 1979：157）。

　持田にとって、教育の公共性とは、単に「私事性」の対
立項なのではない。

　　　教育の公共性というとき、それは、一般には私事性、
　　私的性格に対置する概念だといえますが、教育の私事
　　性、私的性格に正しく対置するものは社会性であり、
　　「共同社会」的性格です。しかし、近代国家においては、
　　その共同社会的性格は、「国家」によって「法」を通し
　　て保障されるのが、建前となっています。いわゆる教育
　　の公共性とは、このような国家によって付与された教育
　　の「共同社会」的性格の謂です。（持田 1972a：149）

持田は、二つの公共性モデルをきびしく対立させている。すなわち、「上からの」公共性といわれる国家的公共性と、「下からの」公共性といわれる共同社会的公共性の二つのモデルである。教育の公共性を、国家的性格をもつものとして捉えるか、共同社会的性格をもつものとして捉えるかによって、教育の公共性への認識は大きく変わってくることになるだろう。

　持田は、幼年期教育を社会共同の事業として運営していくためには、「幼児教育行政が親や市民、教育関係者の直接的参与をまって運営される体制」を構築することが求められると考える。そのような共同的参画による行政運営は、「教育行政と一般地方行政との総合化、教育行政と福祉、医療行政との総合化」という行政の「一元化」へと進んでいくことになるだろう（持田編 1979：158）。

　ただ、行政官や、市民としての保護者、教師は、つねに・すでに社会共同的な主体として存在しているわけではない。彼ら・彼女らは皆、行政官であると同時に市民であり、市民であると同時に労働者であり、労働者であると同時に親であるという様々な側面を持ちながら生活しており、それぞれの側面は、しばしば「矛盾」しあう。それぞれの人間は、社会生活に巻き込まれているがゆえに、自分が果すべき様々な役割の間の葛藤に悩まざるをえない。これは、持田における根本的な人間観である。彼にとっての人間は、社会生活の主体として、すなわち労働者として生きると同時に、「人間」としても生きるがゆえに、「矛盾」を抱えた存在にほかならないのである。そしてその「矛盾」を、即座に解

消しようとするのではなく、「矛盾」を互いに見つめ合おうと彼は提案するのである。「親・保育者それぞれが「人間」たることと「親」「教師」たることが近代社会とそこにおける公教育の体制的秩序においては矛盾していることを自覚し、疎外されている「人間」を復元していってはじめてほんとの話し合いと結びつきが可能となる」（持田 1972a：265）。

　本来生きたい生活を生きられないこと、すなわち「疎外」。社会生活のなかで関わり合う様々な他者との関係性の中で、様々な悩みを抱えるということ、すなわち「矛盾」。これらを、互いに見つめ合いながら、それを乗り越えようと努力すること、その努力は必ずしも成功するわけではないが、その努力を不断につづけ、互いの努力を認め合おうとするプロセスそのものの中に、「人間」の本質がほのかに現われはじめるということ。持田が「公共性」の機縁として拾い出そうとしていたのは、そのような、人間たちのささやかな結ぼれであったように思われるのである。

第1章の参考文献

荒井英治郎・植竹丘・澤里翼・島田桂吾・仲田康一（2009）「東大教育行政学小史（記述篇・中）」『東京大学大学院教育学研究科教育行政学論叢』28

池田祥子（1996）「持田栄一」『エデュ・ケア 21：Care & education』2（2）（7）

池田祥子・友松諦道編著（2014）『保育制度改革構想』（戦後保育50年史第4巻）、日本図書センター

石井拓児（2002）「持田栄一「教育管理」論における学校組織の運営原理」『名古屋大学大学院教育発達科学研究科紀要』（教育科学）、49（1）

伊藤祥子（1975）「教育福祉と幼保一元化」持田栄一・市川昭午編
　　『教育福祉の理論と実際』教育開発研究所

稲井智義（2016）「持田栄一の幼児教育制度論：ルンビニー学園に
　　おける実践の「共有化」との関わりに着目して」『幼児教育史
　　研究』11

井深雄二（2016）『戦後日本の教育学：史的唯物論と教育科学』勁
　　草書房

岩下新太郎（1979）「持田栄一教授の業績を偲んで：氏の教育行政
　　研究に学ぶ」『日本教育行政学会年報』5

大阪府私立幼稚園連盟編（1971）『幼児教育の現代化』明治図書出版

小川正通（1966）『世界の幼児教育：歴史・思想・施設』明治図書出版

押田貴久・荒井英治郎・植竹丘（2007）「東大教育行政学小史（資
　　料篇）」『東京大学大学院教育学研究科教育行政学論叢』26

押田貴久・荒井英治郎・植竹丘（2008）「東大教育行政学小史（記
　　述篇・上）」『東京大学大学院教育学研究科教育行政学論叢』27

グラムシ（1994）『新編：現代の君主』上村忠男編訳、青木書店

黒崎勲（1999）『教育行政学』岩波書店

黒沢惟昭（2007）「市民的ヘゲモニーの形成：持田栄一氏の「批判
　　教育計画」の再審」『季報唯物論研究』101

公教育研究会編（2008）『教育をひらく：公教育研究会論集』ゆみ
　　る出版

小国喜弘（2012）「学校をめぐる共同と国民の教育権論」『近代教育
　　フォーラム』21

児美川孝一郎（1995）「戦後学校論の到達点と課題：〈制度としての
　　学校〉認識を中心に」堀尾輝久ほか編『学校とは何か』（講座
　　学校１）、柏書房

故持田栄一教授追悼論文集編集委員会編（1981）『現代公教育変革
　　の課題：80年代の新しい教育をめざして』日本教育新聞社

榊原禎宏（1986）「「福祉国家教育構想」への視座：持田栄一におけ
　　る「重畳構造」をめぐって」『現代学校研究論集』4

佐藤晋平（2008）「教育行政学をめぐる環境変動と理論転換：持田
　　栄一理論の権力言説に注目して」『東京大学大学院教育学研究

科紀要』47

汐見稔幸・松本園子・高田文子・矢治佑起・森川敬子（2017）『日本の保育の歴史：子ども観と保育の歴史150年』萌文書林

鈴木祥蔵（1973）『「同和」保育の前提』福村出版

鈴木祥蔵（2000）『「保育一元化」への提言：人権保育確立のために』明石書店

竹内通夫（2011）『戦後幼児教育問題史』風媒社

ツェトキン（1964）『民主教育論：労働者階級と教育』五十嵐顕訳、明治図書出版

東京大学教育学部教育行政学科編（1979）『持田栄一先生追悼論文集』

鳥光美緒子（2003）「戦後保育・幼児教育政策の歩みを見なおす：幼保二元行政システムのもたらしたもの」森田尚人ほか編著『教育と政治：戦後教育史を読みなおす』勁草書房

成田克矢（1979）「故持田栄一教授における公教育理論：追悼の心をこめて」『日本教育行政学会年報』5

日本保育学会編（1997）『わが国における保育の課題と展望』世界文化社

広瀬裕子編（2021）『カリキュラム・学校・統治の理論：ポストグローバル化時代の教育の枠組み』世織書房

福井豊信編（1972）『幼稚園：2才〜5才までの教育』国土社

船山謙次（1958）『戦後日本教育論争史：戦後教育思想の展望』東洋館出版社

堀尾輝久（1961）「公教育の思想」『近代の教育思想』（岩波講座現代教育学4）、岩波書店

堀尾輝久（1971）『現代教育の思想と構造：国民の教育権と教育の自由の確立のために』岩波書店

松島のり子（2015）『「保育」の戦後史：幼稚園・保育所の普及とその地域差』六花出版

宮坂広作（2005）「故持田栄一教授の幼児保育論」『生涯学習フォーラム』8（1）

宗像誠也（1961）『教育と教育政策』岩波書店

村田栄一（1970）『戦後教育論：国民教育批判の思想と主体』社会評論社

持田栄一（1964）「現代幼年期教育論：「幼」「保」一元化の問題（幼年教育の基本的な問題点）」『教育評論』（151）

持田栄一（1967）「幼稚園：家庭教育の補完」『福祉国家の教育像：現代西ドイツの教育』国土社

持田栄一（1968）「現代幼年期教育学制の展望：幼児の権利の保障についての覚え書」『教育学研究』35（3）

持田栄一（1969）「総説・現代の幼年期教育：課題と展望」現代幼年期教育研究会編『現代の幼年期教育：世界と日本』ひかりのくに昭和出版

持田栄一編（1969）『教育』（講座マルクス主義6）、日本評論社

持田栄一（1972a）『幼児教育改革：課題と展望』講談社

持田栄一（1972b）「幼保一元化：その構想と批判」持田栄一編『幼保一元化』明治図書出版

持田栄一（1973）『教育における親の復権』明治図書出版

持田栄一編（1973）『教育変革への視座：「国民教育論」批判』田畑書店

持田栄一編著者代表（1973）『家庭の中の幼児教育』チャイルド本社

持田栄一編（1975）『幼児能力の早期開発』明治図書出版

持田栄一（1979）『教育行政学序説：近代公教育批判』（持田栄一著作集6（遺稿））、明治図書出版

持田栄一編（1979）『仏教と教育』日本評論社

持田栄一（1984）『幼年期教育の制度と理論：持田栄一遺稿論文』持田栄一遺稿論文刊行会

文部省編（1979）『幼稚園教育百年史』ひかりのくに

渡辺真澄（1984）「わたくしのみた保育界の人・持田栄一」『幼児と保育』30（5）

渡辺真澄・末光義史編（1978）『幼児教育原論』明治図書出版

持田の　第2章
生涯教育論

1.「教育爆発の時代」における生涯教育論

　本章では、持田が1970年代に展開した生涯教育論を検討し、彼の近代公教育批判というテーマがそこにおいて明瞭に表現されていることを確かめる。持田が1970年代に入って批判的に検証した「生涯教育 lifelong integrated education」という概念は、1960年代中盤に登場したものである。1965年12月、パリで開催されたユネスコの成人教育推進国際委員会においては、フランスの教育思想家であったポール・ラングランが、生涯教育に関する議論をリードした。彼の所論は「生涯教育について」という論文として発表され、本論文は1967年には邦訳されている。1971年の中央教育審議会答申（四六答申）は、学校教育の総合的な拡充・整備のための基本施策について提案する中で、「生涯教育の観点から全教育体系を総合的に整備」することの必要性を強調している。

　当時の日本は高度経済成長（1955〜73年）の只中にあり、農業・水産業などの第一次産業から、製造・運輸などの第二次産業への構造転換が急速に進み、農村部から都市部への人口移動が加速していた。学校教育では、中学校・高等学校の学習指導要領において教育内容の現代化がうたわれ、普通科高校より、商業・工業高校など、産業と直結する職業科高校の拡充が進められた。地方国立大学では、理工系・社会科学系の学生増が図られていた。高度経済成長期の日本では、産業界を支える技術者と熟練労働者の育成が学校教育の機能として認識され、そのことが、旧来の学校教育の制度およびカリキュラムを刷新し、産業の発展

に直結する科学技術の高度化に対応することの必要性を生んでいると捉えられた。

　さらに、同時期の日本は、終戦直後の数年間に出生した第一次ベビーブーム世代（団塊の世代）が、中学校・高等学校に進学する時期に当たり、高等学校・大学への進学率が飛躍的に上昇すると同時に、進学をめぐる競争、いわゆる「受験戦争」が激化していた。高度経済成長期は、まさに「教育爆発の時代」だったのである（尾崎 1999：206）。

　戦後日本において、生涯教育論は、主に社会教育・成人教育の問題として受けとめられたが、持田は単に社会教育論として生涯教育を位置づけるのではなく、1970 年代の日本の教育を考えるうえで、極めて重要な核心的テーマとして、生涯教育を捉えようとしていた（持田編 1971：8）。つまり、1960 年代から一貫して近代公教育批判を主要な研究テーマとしていた持田は、生涯教育の中に、近代公教育を突き動かしていた様々な要因が流れ込み、それが融合されつつあると捉え、それを批判しようと試みたのである。近代公教育批判をライフワークとしてきた持田の理論は、「生涯教育論にまで発展したことによって、教育の総体を対象とする総合的・包括的な理論体系になった」と評されている（宮坂 2005：3）

2．「福祉国家」の変容と生涯教育論の台頭

　持田は、1960 年代後半を画期として、国家の「福祉国家」化が進み、教育政策が転換したとみている。ここで「福祉国家」とは、資本主義の発展形態である「国家独占資本主

義」を前提とする国家の理念であり、「資本の所有関係を前
提にしたまま、「管理通貨制度等々、国家権力を発動するこ
とによって恐慌――資本主義の一般的危機を回避する手段
が講ぜられ、「社会化」措置がとられる体制」（持田 1976：
58）のことである。「福祉国家」は、個人の生活の様々な局
面にまで、積極的に介入していこうとする。

　1950 年代後半から 60 年代にかけての「福祉国家」の教
育政策には、「教育投資論、マンパウワー論に基礎をおき、
ハイタレント養成を主要な課題とし、経済主義的傾向がつ
よかった」。ここでいう「ハイタレント」とは、高度の技術
的知識と思考力、管理能力や情報処理能力を備えた、産業
界はじめ各界において主導的な役割を果たし、経済発展を
リードする、ごく限られた少数のエリート的人材のことで
ある。経済的価値を創出する一部のエリートの育成に注力
していた 1950 年代に対して、1960 年代後半以降、エリー
ト育成という経済的価値に、「社会的文化的需要を加味」す
るという傾向が生じるという変化がみられた。「福祉国家」
は、単に経済的価値に解消されない文化的価値を重視し、
国民個人の文化的・社会的なニーズまでを満たそうとする
ようになったということであり、そのニーズの主体は一部
のエリートに限られず、広く国民一般にまで拡大して捉え
られるようになった。そして、70 年代においては、「福祉
国家」は、国民の文化的・社会的需要を充たすことを重視
し、「人間主体の主体性と自主性を保障」することを目指し
始めた。そのような意図が、教育論として明確な形をとっ
たのが生涯教育論であった（持田 1976：77）。

　持田によれば、生涯教育論といわれる教育構想は、「人間
の生涯において水平垂直に分化された形で散在している各
種の教育機会を統合 integrate しようとする」ものである
(持田編 1971：12)。水平方向への分化というのは、同一年
齢における教育の機会の分化のことであり、垂直方向への
分化というのは、幼年期から学童期、青年期、壮年期とい
うように、年齢段階ごとに教育場面を分化させることであ
る。これら二つの意味での教育機会の分化を「統合」する
のが生涯教育であると持田はみた。すなわち、①幼児期か
ら老年期までのライフステージの各段階における教育の統
合、②同一年齢段階における家庭教育、社会教育、学校教
育の統合、③全ての段階における専門教育と一般教養教育
の統合、という三つのレベルの統合をめざすものであり、
それら三つのレベルが更に生涯教育という大きな理念のも
とに統合されることが目指されていた（持田編 1971：13)。

　　生涯教育論は、教育と学習を学校という枠から解放し、
　　「余暇と労働との関連で人間活動の全領域にまで拡大
　　する」ことを課題とするものであるから、教育と学習
　　の時期は、児童期や青年期にかぎられるわけではなく、
　　幼年期や壮年、老年期をふくむ全生涯にわたる。した
　　がって、ハヴィガーストが提起しているように、ライ
　　フサイクルの各段階の生活と教育の課題を系統化する
　　ことは、生涯教育論の重要な課題の一つだといわなけ
　　ればならない。（持田 1976：27)

個人が生涯にわたる順調な発達を実現するためには、人生の各段階で、達成するべき課題が複数あることを提唱した教育心理学者ロバート・ハヴィガーストのように、ライフサイクルを前提として教育を構想するとき、人生の各段階が「絶対であり平等である」という立場に立つことになる。つまり、学童期だけが重要であるということにはならず、幼年期も、成人期、老年期も、それぞれの段階がライフサイクルにとっての独自の意義、重要性を有するということになる。それゆえ、順序性をもって展開されるライフサイクルのそれぞれの課題に適合する教育を保障していくことが人間完成のプロセスだと、生涯教育においては考えられることになる（持田 1976：94）。

　生涯教育は、文字通り、学童期、青年期の学校教育に限られていた教育機会を拡大し、普遍化しようという志向を有するから、学校教育以外の、いわば陰におかれてきた教育の場にも焦点があてられることになる。「生涯教育論においては、いままでの教育が、後期中等教育や高等教育に傾き、しかも学校教育がその中心であったことを批判し、誕生から死にいたる全生涯にわたる教育を、家庭・学校・社会にわたってシステム化することが意図されている」（持田 1973：134）。例えば、生涯教育論においては「幼児教育のように、いままで陽のあたらなかった教育段階の教育が振興されることとなる。しかし、それが現実に意味するものは、幼稚園、保育所の「小学校」化であり、幼児教育施設までがインストラクション（知的教授）の場として、マンパウワー形成の一翼をになわされる」（持田 1973：135）。

つまり、生涯教育が、「マンパウワー」、すなわち人的資本
の開発を究極的にめざすものであるかぎり、幼稚園、保育
所も、その目的に沿って位置づけを与えられることになる。
その端的な表れとして、保育政策の重点は、「マンパウワー
形成という観点からいってもっとも投資効果の多い五歳児
におかれている」（持田編 1971：32）。幼年期教育の振興
は、高年齢児のみを対象とした、小学校への就学準備とし
ての「教育」に矮小化されてしまうのであり、乳児保育を
含めた低年齢児保育への軽視は続く（持田 1973：135）。「最
近、大脳生理学や認知心理学等が進歩し、人間の成長発達
にとって環境が重要な役割を果たすことが明らかになるに
したがって、０歳のときから系統的組織的な教育を与える
ことが必要なことが明らかになった」（持田 1976：98）に
もかかわらずにである。

　つまり、生涯教育論の中では、高度化した資本主義社会
を支える「マンパウワー」の育成という、近代における学
校の「本質機能そのもの」については問いなおされること
はない（持田 1973：135）。言いかえれば、生涯教育という
のは、教育を労働力養成のために「最適化」する、つまり、
個人の生涯の全局面を見透して、能力開発のタイミングを
適時化することが目的だというのである（持田編 1971：
27）。生涯教育論において、幼年期教育を促進しようとする
「幼児能力早期開発」論は、生涯教育の一環としての幼年期
教育を位置づけ、教育を市民個々人の「私事」と位置づけ
る能力主義的教育システムをそのまま維持しながら、全て
の幼児に系統的教育を保障しようとするものである（持田

編 1975：61）。それゆえ、能力主義を前提とする資本主義
社会の矛盾そのものを乗り越える発想は、そこからは出て
こない。つまり、生涯教育は、資本主義システムを保守・
維持しようとする政策なのである。

　生涯教育論の保守性は、それが、「体制」の側から、すな
わち国家によって「上から」図られている点から生じてい
ると持田はみている。「生涯教育の構想は、技術革新と情報
化という現代的情況に対応するため、労働——意識的生活
活動・生活実践のなかにおける自主的自己形成の要求を体
制側が「上から」組織化しようとするもの」（持田編 1971：
13）にほかならない。

　それゆえ、生涯教育を、「教育を受ける権利」を一生涯に
わたって保障するものとして「バラ色」に肯定的に捉える
リベラルな所論は誤っていると彼は考える（持田編 1971：
14）。生涯教育を肯定するそのような論においては、生涯教
育を通して、人間が他者と交流し合いながら、自己決定の
一連の過程として自己変容を遂げていくという主体性が見
落とされている。この問題点は、持田が近代教育そのもの
の特質として見いだしていた、教育の受動性の問題と重な
り合っている。

　　　近代教育の現実においては、教育は学習主体が将来一
　　定の生計を営んでいくのに必要な知識と技術を伝授す
　　るものと考えられ、かれ等の意識的生活活動、そのな
　　かでの自主的自己形成からきりはなされてつねに「あ
　　たえられる」もの「うける」ものとして理解される。

　　そして、この点と関連して、学校は自主的自己形成の
　　ための生活共同の場というより知的教授の場となり、
　　そこで習得した知識と技術の量と質がそのひとの生涯
　　の所得と社会的地位を規定するという体制がつくりあ
　　げられた。(持田編 1971：23)

　持田によれば、生涯教育の実現は、「国家」に主導された
近代教育の理念が、全個人の全生涯にわたって貫徹するこ
とを意味している。

　　生涯教育はいままで個人の私事に委ねられていた領域
　　を教育的に組織しようとするもので、この意味におい
　　て、生涯教育が組織化されていくことはそれだけ教育
　　が社会化されていくことでもあるが、しかし、それは
　　同時にいままで私的なものとして国家権力の介入を許
　　さなかった教育領域にまで国家が介入し、教育を国家
　　が文字どおりトータルに支配する体制を確立すること
　　を意味している。(持田編 1971：36)

　生涯教育という形で「国家」が介入し、その支配を貫徹
する際に取りこもうとしている「私事」「私的な領域」と
は、家庭のことである。次節においては、持田の家庭論を
みることで、「国家」による教育的支配の貫徹としての生
涯教育という彼の主張の背景にあるものを明らかにしてみ
たい。

3. 近代思想としての「親の教育権」への批判

「教育は私事である」というテーゼの前提には、「家庭は私的領域である」というテーゼがある。家庭において行われる教育を、教育の原点と見なし、それを権利だと主張して、外部からの介入を防ごうとするところに、「親の教育権」思想が生じた。持田によれば、子どもを教育する親の権限が権利であるという認識が生まれたこと、つまり「親の教育権」が自覚されたことは、近代の所産である（持田1973：20）。

近代的な「親の教育権」は、まずは啓蒙主義的自然権として自覚された。つまり、国家に先立つ（「自然」に与えられた）ものとして、親の教育権が自覚され、そのことが、子どもに対する親の教育的なかかわりの重要性を意識化させていった。その後、近代国家が法治国家として成熟していくのに伴って、「親の教育権」は「法実証主義的」に理解されるに至るという経緯をたどった。それゆえ、「親の教育権」とは、教育に関する実定法の中で明文化されることで保障されている力・行動範囲だというように考えられるようになる（持田1973：22）。つまり、法に明文化されていない内容は、親の教育権とは認められないと考えられるようになったという。このような法実証主義的立場——実定法に基づいて権利を捉える——に立って「親の教育権」を捉えると、「教育についての親の本質的要求であっても、教育実定法制上明文化されていないものは「教育権」にはふくまれないこととなり、所論は、必然、現状肯定的となり、教育の改革と変革論に発展しない」（持田1973：25）。

つまり、現在の法、実定法を乗り越える親の「要求」は、「権利」としては認められない。その場合の親の教育権は、あくまで、現在の実定法である教育法に基づく既存の教育制度を保全するような働きしか持たないであろう。

つまるところ、近代資本主義社会においては、「人権」としての教育権は、「私的個人各人が自らをマンパウワー＝労働力商品として自由に形成する」ことを保障するものにすぎない（持田 1973：27）。持田が、「マンパウワー＝労働力商品」形成としての教育を批判するのは、本来、人と人とのつながりと交流の中で営まれるはずの教育が、原子的_{アトム}な個々人に分断されてしまうと考えているからである。彼はいう。「近代市民社会——資本主義経済社会の現実においては、本来社会共同の仕事であるべきはずの教育が市民各人の「私事」とされ、人間の教育がマンパウワー＝労働力商品の形成として現存する。かくて、教育は、生活的実践のなかでの自主的集団的自己形成を助長し子どもの能力を未来に向って全面的に開花させる営みというよりは、マンパウワー＝労働力商品たるに必要な一面の能力を形成するために一定量の知識と技術と道徳を能率的に伝授し習得させることとして立ちあらわれることになる」（持田 1973：28f.）。

法実証主義的な教育権論に対して、親の教育権を「人権」として「人類普遍の価値を公的に表明したもの」とみて、それを「歴史と時代を越えて普遍的に存在する絶対の価値」とみる「啓蒙主義的自然法主義」は、一定の「現実変革性」を有していると持田は認めている（持田 1973：26）。しか

し、近代初期に生まれた啓蒙主義的な教育権論も、資本主義社会の中では欺瞞的な性格を帯びてしまう。「「近代」において、「親の教育権」といわれるものは、子どもに対する私的扶養義務との引きかえに、子どもの成長発達を親が私的に撰択し占有する自由をみとめたもので、それを子どもへの親の情愛という人類普遍の要求とからめて語るところにその特色がある」（持田 1973：29）。つまり、自然法的な親の愛情を称賛する啓蒙主義的な教育権論は、近代の資本主義社会の中では、親による子どもの「占有」を正当化するレトリックになってしまうというのである。

　そもそも、持田にとって、近代における「人権」とは、市民社会を基礎としたブルジョワジー（市民階級）としての独立的・私的個人を統合するために、彼らに共有される「人間の本質的属性」だと主張された、抽象的な理念にすぎない（持田 1973：27）。全ての人間が有する普遍的な「権利」という観念的な共通項が設定されてしまえば、個人をバラバラに分断してしまうという資本主義社会の現実が覆い隠されてしまうと持田はいうのである。

　第1章でもみたように、近代教育を支える根本思想を、持田は「家庭教育（保育）原則主義」と呼んできた。すなわち、子どもの「教育をうける権利」を保障する第一次責任者が「親」であり、「家庭教育」こそが教育の基本・基盤であり、「公教育」はそれを補完するものにすぎないという思想である。家庭が愛情に溢れ、社会から独立した場であり続けているという信念がそこにはある。「家庭は情愛の場であり、社会的諸矛盾からは隔絶された人間「自由」の砦

だという認識がある。さらにそこには、家庭教育は「私」的なものであり「私」的なものこそ美しいものであり価値あるものだとする考えがひそんでいる」(持田 1973：142)。家庭を称揚する立場は、それが私的であるがゆえに、家庭への行政権の介入を拒む際の論拠となっていた。しかし、教育行政の介入を家庭が拒むことは、既に家庭の間に生じている格差を放置し、家庭が内に抱える問題を悪化させてしまう。

　　従来、家庭教育は私的なものと考えられていたため、これに関し教育行政当局が振興策を講ずることはタブーとされて来た。しかし、それによって招来されたものは、家庭教育の崩壊状況であり、そこにおける著しい格差と不均衡である。そこでは、教育に対する教育行政を制限し「親の教育権」と「家庭教育の自由」を尊重すること自体が、現実に差別と格差を助長し教育機会の不均衡をもたらすという意味で階級性をもっている。(持田 1973：146)

　当時の教師たちに広く支持されていた「国民の教育権」論における教師の「教育の自由」は、「親の教育権」から派生するものとしてとらえられた。つまり、教師は、親から教育権を信託されることにより、親の替わりに「教育の自由」を行使できると考えられたのである。「「親の教育権」と並んで教師の「教育の自由」論が発掘され、教師は真理を代弁する「専門職」として位置づけられ、教育をすることは彼

等の固有権限と考えられるようになった」(持田 1973：23)。

　ところが、既にみたように、「近代において家庭といわれ学校と呼ばれる組織は、けっして現実の社会から独立した自由の砦ではなく、それ自体、資本主義社会を構成する一単位として、その労働力再生産の一翼を担うもの」にすぎない（持田 1973：34）。さらに、持田のみるところ、近代以降の資本主義社会において、あるいは近代教育の現実においては、「家庭教育優先」の原則にもかかわらず、「家庭教育」は現実には崩壊している（持田 1973：31）。それゆえ、「家庭教育」を不可侵の基盤として、教育を構想することは既に困難になっているというのである。それゆえ、現代の「福祉国家」においては、家庭保育と施設保育という両軸のうち、施設保育の機能が拡大されていく。「福祉国家」が是認する「近代保育の原則」のもとでは、「つねに幼児個人の権利と幼児全体のそれ、親権の尊重と国家公共団体による助成、家庭保育と施設による保育の二元体制が前提とされながらも、そのなかで、後者［施設による保育］の此重がつよめられていく傾向がある」（持田 1968：65）。

　持田のみるところ、生涯教育とは、独占資本主義社会の矛盾に対応しようとする「福祉国家」の政策であった。念のために述べておくと、「独占資本主義」とは、19世紀の産業資本主義における自由競争をへて資本の集中が起こり、少数の巨大独占企業が出現してヘゲモニー（指導権）を確立した資本主義の段階のことである。この独占資本主義の段階においては、対外戦争や長期不況などの経済危機を管理し乗り越えるために、国家による政策的な介入が大規模

になされるようになる。さらに、この段階で、国家と独占
資本とが融合した体制を、一般に「国家独占資本主義」と
いう。持田のいう「福祉国家」とは、まさに国家独占資本
主義下において、独占資本が国家の機構を取りこみながら
成立した国家のことであった。

　現代の「福祉国家」の政策には、「近代市民社会における
私的自由の秩序に対し一定限度の「改良」を加え、「社会
化」しようとする志向がみられる」（持田 1976：60）。「福
祉国家」は、「福祉」の名目で、従来行政権の範囲外だと見
なされてきた私的な領域に積極的に介入する。ただ、その
福祉的介入は、あくまで国家の「秩序維持」のためになさ
れるものにすぎない。

　　資本が独占化する過程で、教育を私的なものとして理
　　解し私的自治によって運営することの限界が明らかと
　　なり、その限界を超克することの必要が総資本の利益
　　を保障し資本主義の総体制そのものを安定化していく
　　ためにも必要なことが明らかとなるにしたがって、国
　　家は教育事業につよいヘゲモニーを振うこととなり、
　　教育に対する国家の支配は従来の「秩序維持作用」に
　　加えて「国民福祉の助長」機能を行なうこととなった。
　　（持田編 1971：24）

　「福祉国家」による私的領域への介入としての福祉は、そ
れが権利論と結びつくことにより、全国民へと拡大され、
普遍化されていく。

従来、福祉と呼ばれるものは、社会的弱者救済を目的
とし、対象も機能も限られていたのであるが、その後
における社会進歩とともに人権思想が拡大し、一方、
市民生活が向上するのに相伴って、福祉の対象は経済
的貧困者に限られず、身体欠損者や労働婦人、幼児、
児童、老人までを含むようになり、また福祉の機能も
物的生活の保障から精神生活にまでおよび、人間の全
生活を覆うようになっている。(持田 1976：203)

　福祉の普遍化に先立って、教育は既に普遍化され、全て
の国民に開かれていた。近代公教育としての「親・教師の
私的責任の体制は「上から」「国家」を主体として「社会
化」され「共同化」」(持田 1973：36) されることによっ
て、近代公教育制度が成立するのであるが、この近代公教育
は、「教育を受ける権利」の実現として普遍化していった。
福祉国家の発展に伴い、福祉が普遍化していくと、普遍性
を理念とし、先行して普及していた教育との「重畳」、つ
まりオーバーラップが進んでいくことになる (持田 1976：
205f.)。

　独占資本主義社会において顕在化した矛盾をとらえ、生
涯教育という形で、国家は家庭教育と学校教育を「上から」
統合し、再編成しようとしていると持田はいうのだが、それ
は資本主義社会を変革することにはつながらないという。
持田にとっての変革は、近代資本主義社会の変革を、市民
共同体のネットワーキングによって実現しようとする、い
わば「下から」の変革論であった。「下から」の変革は、学

校教育を資本主義社会に適合しようとして「改良」しよう
とする、国家主導の「上から」の改革と、厳しく対立しあ
うものなのであった。

4. 生涯教育論における「幼児能力早期開発」論

　生涯教育論において、幼年期教育は重要な意義を与えら
れている。生涯教育論においては、「これまで教育の『適
期』と考えられていた時期が実は適期ではなく、ほんとう
の『適期』はもう少し早い時期にある」という認識に基づ
いて、早期教育としての幼年期教育が重視されている（持
田編 1975：12f.)。例えば、ヴァイオリンの早期教育の実践
論として知られる「スズキメソード」の提唱者であった鈴
木鎮一ら、「幼児能力早期開発」を主張する実践家は、「人
間の能力がけっして先天的に固定されたものでなく、教育
と環境によって後天的に開発されるものだという前提のも
とに、教育主体の側から適時に適切な「教育的働きかけ」
を加えることが必要」だと考えている（持田編 1975：20）。
ソニー創業者であった井深大が『幼稚園では遅すぎる』を
刊行して、3歳以前の早期教育の重要性を訴えたのは 1971
年であった。

　早期教育としての幼年期教育の促進を訴える論を、持田
は「幼児能力早期開発」論と呼ぶ。それは、「従来、「早教
育」、「才能教育」という形で一部の英才児を対象とし、私
的にあるいは公教育においては例外的な部分としてすすめ
てきた実践を、1960 年代、新しい学習理論とともにマンパ
ウワー論——生涯教育論とかかわって、すべての幼児に拡

大し、そのような視角から、いままでの幼児教育のあり方を問いかえし改革し、０歳から何らかの系統的組織的な教育を保障しようとする志向の総体」として定義されている（持田編 1975：11）。持田によれば、「幼児能力早期開発」論は、必ずしも新しく登場してきたレトリックではなく、「1960 年代以降、技術革新と情報化の波濤のなかで、社会主義国家においては、すでに一般化している、すべての子どもに０歳からの系統的教育を用意するという体制を、自由主義国家の「政策」として「上から」保障しようとするもの」であった（持田編 1975：18）。

「幼児能力早期開発」論は、幼年期における子どもの発達可能性を強調する、当時の大脳生理学・認知心理学の最新の成果に依拠している（持田編 1975：23）。持田が特に言及しているのは脳科学者の時実利彦である（時実 1968）。東京大学医学部教授を務めていた時実は、大脳のニューロン結合の活発化する時期を２歳前後の幼年期だとし、一般向けの啓蒙書や講演の中で、適時の幼年期教育を行なうことの必要性を繰り返し強調していたことで知られる。

確かに、「幼児能力早期開発」論は、「無作為の教育こそが最上の教育とした従来の幼児教育においてみられた田園牧歌的自由保育の伝統を批判し、子どもの成長と発達において教育と環境が果す役割をクローズ・アップし、教育的働きかけに一定の系統と適時性が必要なことを明らかにした」という功績がある（持田編 1975：22f.）。しかしながら、「学習主体の実践から抽象化されたところで、教育のプログラムが系統化されるとき、人間能力は全体的総合的に

追及されず、一つ一つの能力がバラバラの形でとりあげら
れることとなる」(持田編 1975：29)。つまり、統合体とし
ての「人間」教育という側面が切り捨てられ、学習主体と
しての個人はあくまで「一つ一つの能力」の寄せ集め、複
数の能力の集合・束としてしか捉えられなくなってしまう
ことを持田は危惧していたのである。

5．社会共同的学びとしての生涯教育へ

　生涯教育論においては、「従来の近代公教育において伝統
的にみられたように、子どもを単なる知識の「受容器」と
して位置づけることをやめて、人間の形成が環境とのかか
わりですすめられる」ことが重視されている (持田 1973：
132)。この点については、持田は肯定的に捉えている。

　持田の構想する生涯教育は、主体者としての人間の「自
己教育」を中核に据えながら、それをその人間自身の「生
活」の場において展開し、それに還元しながら相互作用的
な学びを実現していくプロセスである。「生涯教育論は、教
育の原点を「自己教育」「自己学習」にもとめながら、教育
の場を生活実践そのものに拡大し、このゆえに人間は生涯
にわたって学習をつづけ教育をうけることを継続すべきで
あると説くものである。生活実践のなかで自己教育と生涯
にわたって継続する教育のシステム化こそ生涯教育論のカ
ナメである」(持田 1976：38)。

　ただ、ここで持田のいう「自己教育」というのは、学習
者に対する教育者の「無作為」を求めるものではない。近
代幼年期教育における成熟説、あるいは「自然成長論」的

な教育観（鈴木 1973：178）を、持田は厳しく批判する（第
1章参照）。つまり、近代の幼年期教育においては、人間の
成長・発達は、人間の内奥にひそむものが、自然と自己展
開して外面に現れるものだというように捉えられてきた。
もし、内面の自己展開が成長・発達であるとするなら、そ
こに外側から働きかけることは慎まなければならない。つ
まり、「無作為の自然」を提供することが重要であるという
発想が生じてくるのであり、そうなれば、幼児に対して系
統的・組織的な教育を行なおうという発想は斥けられるこ
とになる。

　近代的な「自然成長論」的教育観を乗り越えるための論
を提示しえていると持田が評価しているのは、アメリカの
心理学者ジェローム・ブルーナーである。ブルーナーは、
1960年初頭のアメリカにおいて、デューイらの経験主義教
育学への批判者として登場した。彼は、子どもに科学的知
識の「発見」過程を追体験させる「発見学習」を提唱し、
科学の系統的な教育と子どもの体験的学習の統合を目指し
て脚光を浴びていた。「どの教科でも、知的性格をそのまま
にたもって、発達のどの段階のどの子どもにも効果的に教
えることができる」とまとめられるブルーナーの主張は、
まさしく幼年期教育が注目されていた高度経済成長期の日
本に急速に受け入れられていった。

　持田によれば、ブルーナーは「発達を子どもの「内」な
るものが「外部」に展開するものと考える発達観を斥け、
ひとが外化された社会共同の環境・文化からの刺激を、学
習活動をとおして、「そのこころのなかに構成するモデル」

（環境の表象、モデル）として内面化し、主観の側から結合し組織化構造化するところに発達をみる」という立場にたっている（持田 1976：90）。発達を、個人の内から外への一方的展開とみる「自然成長論」的な近代的発達観を排して、ブルーナーは、外からの社会的刺激と、内面的認知モデルの相互作用を、主観的に統合し内面化することを発達とみる発達観を打ち出し、それに沿った教育方法を提案した。

　しかしながら、持田のみるところ、ブルーナーの教育論も万能ではない。そこでは、教育方法論における二元論、すなわち「自己教育」と「与える教育」という二項対立が解消されていないからである。この二項対立は、近代教育における「活動と環境、自己教育と与える教育という二元論」に由来するものであり、ブルーナーもそこから自由ではない。その二項の双方を捨て去るのではなく、環境と、「与える」教育を強調し、学習主体である子どもの生活実践から抽象化されたところで教育のプログラムを系統化しようとするとき、人間能力は全体的・総合的な形では追求されない。子どもの獲得する一つ一つの能力が別個の形で捉えられ、子どもはいわば諸能力の束として見られることになるという事態に陥ってしまいかねない（持田 1976：90f.）。つまり、「人間」という統一体の発達がそこでは捉えられておらず、個々の独立した「能力」の発達のみを議論する結果に陥ってしまっているというのである。持田にとっては、人間は、諸能力の単なる総和なのではなく、諸能力の統一体として均衡を維持する総合的な人格なのであり、そ

のような人格の発展を目指すことが教育においては追求されなければならないのである。そしてそのような人格の発展は、子ども自身の自己変革として進められていかなければならない。

　ところが、現実の教育においては、事態は異なっている。「能力」の教育と「人間」の教育が分離してしまい、それは、近代教育においてはインストラクション（知育）とエデュケーション（徳育あるいは人間教育）の分離として現れている。そして、分離された知育と人間教育が、それぞれ学校と家庭に割り当てられ、両者の分断が進んできたのである。

　　近代教育においては、インストラクション（知識技術の教育）とエデュケェイション（人間そのものの教育）を機能的に二分し、前者を学校教育が、後者を家庭教育が担うものとして来た。その結果、学校教育からは人間教育が疎外されることとなった。(持田 1973 : 138)

　このような分断、すなわち学校教育・家庭教育の分離、知育と人間教育の分離を統合していくことが、持田における生涯教育論の根本テーマである。そのためには、近代教育において制限されていた親の教育運営への参画が必要になると持田は考える。行政・教師・親の三極の関係性を、三者を対等なものとして位置づけなおしたうえで、再構築しようと試みるのである。持田自身が留学した60年代当時の西ドイツを念頭に置きながら、「親の私的権利を制限する

ことのもう一つの代償として、公教育運営への親・教師の
直接参与性を何等かの形で保障し、親・教師が集団として
自らの意志を表明する道を拓く」ことが西欧においては一
般的だと持田はみているが、日本ではこれが不十分である
という（持田 1973：38）。持田が目指すのは、教育運営へ
の親の参加を促し、親と教師の関係を「社会化」すること
により変革することである（持田 1973：36）。その変革が
成し遂げられたとき、子どもの教育を受ける権利を保障す
るのはもはや親ではなく、社会共同の事業としての教育体
制なのである。

　教育運営のあり方が、いわば「下から」「社会化」され
ることは、子どもにとっての教育・学習のあり方が「社会
化」していくことと連続していると持田は考えている。持
田が、関係論的発達観を提示したフランスの発達心理学者
アンリ・ワロンを引用しつつ述べるように、「人間の成長
発達といわれる事柄も、本来社会的なものといわなければ
ならない」（持田 1976：193）。つまり、「発達と教育は、個
体的に理解されてはならない。社会的関係のなかでとらえ
ていくことが必要」（持田 1976：196）なのである。持田に
おいては、社会関係の中で発達や教育が生起するというよ
り、発達や教育じたいが、そもそも関係的なものであると
捉えられている。具体的には、教育において、「生活（生命
の維持）、あそび（成人における労働）、学習の総合」が目
指されるべきだと持田はいうのだが（持田 1976：199）、そ
れは、生活、あそび、学習が単に同一の活動の中に溶け合
うということを意味しているのではなく、それぞれの活動

の場が、子ども・教師・親、さらには地域住民（市民）との共同的な対話の中に包摂されていき、活動の場としても連携・統合されていくことがイメージされているように思われる。このような、分離されている諸活動の統合だけでなく、教育・発達の場を織り重ね、統合していくという主張は、持田の幼年期教育カリキュラムの構想に直結していくが、この構想は未完のものとして、現在の私たちに遺されている。この未完のプロジェクトについて、次章で検討していこう。

第2章の参考文献

天城勲（1972）「生涯教育としての成人教育」『文部時報』1144

天城勲（1972）「生涯教育のシステム化」『社会教育』27（4）

井深雄二（2016）『戦後日本の教育学：史的唯物論と教育科学』勁草書房

岡村達雄編（1983）『教育のなかの国家：現代教育行政批判』勁草書房

小川利夫（1972）「生涯教育論の現代的性格：そのイデオロギーとユートピア」『社会事業の諸問題：日本社会事業大学研究紀要』20

小川利夫・柿沼肇共編（1985）『戦後日本の教育理論：現代教育科学研究入門』（上）、ミネルヴァ書房

尾崎ムゲン（1999）『日本の教育改革：産業化社会を育てた130年』中央公論新社

稲井智義（2017）「教育福祉論のアンラーニング：持田栄一の理論と活動の再考へ向けて」『北海道教育大学紀要：教育科学編』68（1）

兼子仁（1971）『国民の教育権』岩波書店

黒沢惟昭（2007）「市民的ヘゲモニーの形成：持田栄一氏の「批判

教育計画」の再審」『季報唯物論研究』101

小国喜弘（2012）「学校をめぐる共同と国民の教育権論」『近代教育フォーラム』21

故持田栄一教授追悼論文集編集委員会編（1981）『現代公教育変革の課題：80 年代の新しい教育をめざして』日本教育新聞社

ゴルツ（1968）「先進資本主義の矛盾」海原峻訳、佐藤昇編『社会主義の新展開』（現代人の思想 18）、平凡社

榊原禎宏（1986）「「福祉国家教育構想」への視座：持田栄一における「重畳構造」をめぐって」『現代学校研究論集』4

佐藤晋平（2008）「教育行政学をめぐる環境変動と理論転換：持田栄一理論の権力言説に注目して」『東京大学大学院教育学研究科紀要』47

鈴木祥蔵（1973）『「同和」保育の前提』福村出版

竹内通夫（2011）『戦後幼児教育問題史』風媒社

時実利彦（1968）『脳と人間』雷鳥社

永井憲一（1967）「福祉国家論と教育基本権：「権利としての教育」の問題状況」鈴木安蔵編『現代福祉国家論批判』法律文化社

ハヴィガースト（1958）『人間の発達課題と教育：幼年期から老年期まで』荘司雅子ほか訳、牧書店

波多野完治（1972）『生涯教育論』小学館

ブルーナー（1963）『教育の過程』鈴木祥蔵・佐藤三郎訳、岩波書店

ブルーナー（1966）『教授理論の建設』田浦武雄・水越敏行訳、黎明書房

堀尾輝久（1971）『現代教育の思想と構造：国民の教育権と教育の自由の確立のために』岩波書店

牧柾名（1977）『国民の教育権：人権としての教育』青木書店

マグリ（1969）「現代における「国家と革命」：レーニン「国家と革命」の今日的意義」宮川中民訳、『現代の理論』6（6）

宮坂広作（1970）「誰のための生涯教育か」村井実・森昭・吉田昇編『市民のための生涯教育』（これからの教育 4）、日本放送出版協会

宮坂広作（2005）「故持田栄一教授の幼児保育論」『生涯学習フォーラム』8（1）

宮原誠一（1990）『社会教育論』国土社

持田栄一編（1969）『教育』（講座マルクス主義6）、日本評論社

持田栄一編（1971）『生涯教育論：その構想と批判』明治図書出版

持田栄一（1972）『学校の理論：学制改革の基本視座』国土社

持田栄一（1973）『教育における親の復権』明治図書出版

持田栄一編（1973）『教育変革への視座：「国民教育論」批判』田畑書店

持田栄一編（1975）『幼児能力の早期開発』明治図書出版

持田栄一（1976）『「生涯教育論」批判』明治図書出版

持田栄一（1984）『幼年期教育の制度と理論：持田栄一遺稿論文』持田栄一遺稿論文刊行会

持田栄一・森隆夫・諸岡和房編（1979）『生涯教育事典』ぎょうせい

森隆夫編著（1970）『生涯教育』ぎょうせい

ラングラン（1971）『生涯教育入門』波多野完治訳、全日本社会教育連合会

ワロン（1962）『認識過程の心理学：行動から思考への発展』滝沢武久訳、大月書店

持田の 　第3章
仏教保育論

1．特殊日本的原理としての仏教への傾倒

　本章では、持田の宗教教育、仏教保育に関する論考を検討し、幼年期教育における子ども・保育者・親の三者の関係性の刷新を試みていたことをみていく。持田は、東京大学教育学部助教授を務めていた1965年から翌年にかけて、文部省在外研究員として旧西ドイツ（ドイツ連邦共和国）に留学し、ハンス・ヘッケル（フランクフルト国際教育大学）やゴットフリート・ハウスマン（ハンブルク大学）に師事している。この滞独経験は、持田の理論に転換をもたらしたといわれるだけでなく、西ドイツからの帰国後、幼年期教育、特に仏教保育に関する発言を活発化させていくことになる。「日本の教育研究者にとって、外国の教育現実は日本の教育をより深く理解するための否定的な媒介以上のものではないようである」（持田 1967：225）と述べる彼は、西ドイツという「福祉国家」における教育制度研究をいわばプリズムとして、「日本の教育」の特質を浮かび上がらせることができると考えていた。持田は1978年夏に急逝するが、晩年に当たる1975年以降、「非キリスト教的文化」としての「特殊日本」的な状況に対する関心を深めていった。本章が扱う持田の宗教教育論、特に仏教保育論は、その「特殊日本」的な状況に対する認識と、それへの応答として提示されたものである。

　1960年代は、持田によれば、日本政府による幼稚園教育振興策が相次いで打ち出された時代であった（持田 1984：303）。例えば、1963年の文部省「幼稚園教育振興計画」（七カ年）においては、幼稚園就園率の向上を図るため、3000

園の公私の幼稚園の増設が打ち出されるなどしている。本計画は必ずしも文部省の思惑通りには進まなかったものの、幼稚園利用児数は1960年代半ばから、1970年代を通して急速に増加した。1960年代半ばまでは、「教育投資」的効率のより高いと考えられた高等教育に教育政策の重点が置かれ、幼年期教育は等閑視されていたのだが、1960年代半ばの生涯教育論に見られるように、幼年期教育から成人教育までを有機的に統合することによってこそ、人的資本（持田の言葉でいえば「マンパウワー」）の育成が効率化されると考えられるようになった（持田 1984：203）。このことが、軽視されていた幼年期教育への注目を引き起こしたと持田は考えていた。

　西ドイツからの帰朝後、「教育行財政研究会」という持田主催のゼミナールでは「アジアの宗教である仏教を基にした教育と、その制度を考究」するという「真剣」な発言をし、旧友であった明福寺住職でありルンビニー幼稚園園長の福井豊信の協力を得て、1966年に「仏教教育研究会」が発足、毎月増上寺会館を会場に持田主催の研究会が開催された。主たる参加者は、渡辺真澄、末光義史、山内昭道、杉原誠四郎らであった（持田 1984：2）。1969年から三年間、「現代幼年期教育研究会」が毎月開催され、本吉圓子ら実践家のほか、前述の渡辺、末光、山内、杉原のほか、江上芳郎、池田（旧姓・伊藤）祥子らが参加し、その研究成果を雑誌『保育』に発表した（『保育』掲載の論考を集成したものが遺稿集（持田 1984）として刊行されている）。

　持田に関する言及は、彼と直接的な交流があった者以外

によるものは希少であったが、2000年代以降、教育学の主流派の言説を批判する際や、近代公教育と公共性の関連を論じる上での参照軸として言及が目立ってきた。例えば、佐藤（2008）、小国（2012）、広瀬編（2021）はその例である。しかしながら、持田が主に1970年以降、幼年期教育に関する関心を深め、複数の園において園内の職員集団の在り方や保育計画までをめぐって、現職の保育者たちと研究会を組織するまでに至っていたことについての言及はほとんど存在していない。

　東京大学での持田の同僚であった宮坂広作によれば、2004年夏の全国仏教保育大会（日本仏教保育協会主催）において、持田の幼年期教育論、仏教保育論について総合的に検討する研究集会の開催が企画されたのだが、それは実現しなかったという（宮坂2005：18）。すでに述べたように、持田は西ドイツ留学から帰国して以降、仏教への傾斜を深めていくのだが、そのことについての言及は極めて少ない現状にある。稲井（2016）が述べているように、持田の宗教、特に仏教に関する言及は、彼がいまだ構造改革論（独占資本の支配下にある社会構造全体を民主主義的に革新することを目指す政治路線）に立脚していた1960年代中葉から断続的になされている。特に、彼の幼年期教育に関する関心は、1967年頃より、文部省の中央教育審議会が幼年期教育の改革・振興を審議・答申するようになって以降、一層強いものになったようである。1970年代初頭の持田はいう。「わたしにとって、幼児教育の研究は、本来は副次的な課題であり、けっして主題ではなかったのですが、作業

をすすめている間に、そこに現代公教育の基本構造が集約されていることに気づきました」（持田 1972：278）。持田の近代公教育批判の挑戦は、その主戦場を幼年期教育に定めたのである。

　1970年代においては、幼年期教育に関する関心が持田において占めるウェイトが大きくなるにつれ、彼の仏教に関する関心も増していった。旧制中学以来の親友で浄土宗の僧侶であった前述の福井豊信の影響もあり、持田は前近代あるいは非近代としての仏教の中に、近代を乗り越える可能性を見いだそうとしていたのである（宮坂 2005：12）。

　しかしながら、持田が1978年に病没したこともあって、持田自身による宗教、あるいはとりわけ仏教への言及は、数多く遺されているとはいいがたい。単行本として刊行されたものとして、1974年の編著『現代に生きる宗教教育』と、没後の1979年に既発表原稿をまとめて編著として出された『仏教と教育』の二冊があるのみであり、その他には雑誌論文などの形で断片的にその構想の一端を知ることができるにとどまる。持田の仏教保育論は、未完のまま残されたと考えるべきであろうが、そこにおいては日本文化や日本社会の基層をなすエートスへの問いが、今日に至るまで開かれた形で響いている。

　持田のライフワークが近代公教育批判である以上、近代に対する認識、視座の取り方は彼の理論の基盤となっている。彼が晩年に活発化させた仏教保育へのコミットメントは、西欧近代を支えるエートスが、キリスト教という宗教と不即不離のものであるという認識を反転させたものであっ

た。持田は、西欧近代の問題を、キリスト教から派生する問題として捉える視座を持とうとした。そして、キリスト教を乗り越えることが、西欧近代を乗り越えること、つまり近代へのラディカルな変革となるという予感をいだいたのである。「日本教育においてキリスト教的精神文化の裏うちが弱いことが、かえって西欧「近代」の教育の変革を可能にし、「現代」教育を先どりすることを容易にしている」（持田 1984：234）という彼にとって、近代に対する批判原理は、キリスト教以外の文化に依拠したものでなければならない。それを、彼は仏教という〈東洋的文化〉の中に探り当てようとした。「日本における仏教の再検討の試みは、「日本教育を支える民族的伝統を「現代」という時代に適応したものに更新し再構成することが出来るかどうか」という問いの表れなのである」（持田 1967：227）。なお、最晩年の持田はインドに旅している。

　ただ、持田は〈西洋／東洋〉という単純な二項対立を立てて、自らオリエンタリズムやエスノセントリズム（自民族中心主義）に陥っていくことはしない。「教育における「東」と「西」の精神的基礎が異質のものであることには異論はないとしても、果たして、そのちがいが本質的決定的なものであるのか、どうか」と自らに問いかけつつ、〈キリスト教＝西欧＝近代〉に対する批判を、〈仏教＝東洋＝現代〉という理念に仮託しながら実践しようと試みたのである（持田 1967：227）。

2. 西ドイツの学校教育制度という異文化体験

　持田は、西ドイツの教育制度を通覧しながら、そこに宗教的基盤があることを見いだしている。西ドイツにおいて持田が痛感したことは、カトリック（旧教）とプロテスタント（新教）の共存という西ドイツ独自の状況が、市民の教育観に影響を与え、それが教育制度に反映されているということであった。

　持田によれば、プロテスタントにおいては、教会・国家および個人の三者間の明確な区別が常識となっている。「プロテスタンティズムの教義では、個々の行動自体に聖なる価値があり、神は個々人の現実生活のなかに生きている。人類の文化はカトリシズムがいうように神と教会がつくり出したものではなく、人間が現実の生活の必要から創造したものである。教会は信仰を中心に個々の人間が集まる場所であるから、当然国家とは区別されるべきものである」（持田編 1979：16f.）。つまり、プロテスタントにおいては、教会は個々人の信仰の場であるから、そこに国家が介入することは避けられるべきだと考えられている。それゆえ、「宗教とくに宗派教育は私事的なものであるべきである」ということになる（持田編 1979：17）。宗教生活において、教会の重要性は大きくはない。持田は、宗教における個人と教会の区別、および教会と国家の分離というプロテスタンティズムの思想が、近代教育の基礎をなしていると考えている。

　一方、カトリックにおいては、教育と宗教の関連性への捉え方は異なる。「カトリック的信仰においては人間はその

本質において神の意志からうつし出されたもの、あらゆる文化はイエス・キリストが自己顕現したものと考えられるから、教育とは所詮、人びとを人倫と社会共同生活の基礎にある神の秩序に導くものと考えられる」（持田編 1979：18）。教育と、神の秩序への導きは同一視される。カトリック教育学においては、教育とは、親が「神からの賜物」である子どもを、カトリック教会の指示に従い「神の国の秩序」に則って育てることであり、それは「親の権利であるとともに神−教会に対する彼らの至高の義務」だと見なされている（持田 1984：112）。カトリックにおいては、〈神−教会−親〉の系列は強固に連結しており、天上の秩序と現実の教会的秩序の間には明確な対応関係がある。カトリック教育学においては、親こそが、神の代理としての「最上の教育者」だとされる（持田編 1979：18）。カトリックは、「教育の国家統轄化」に対しては、親の教育権の「自然権」的性格を強調することで、それを厳しく批判している。

　それに対して、プロテスタント教育学では、「天上の世界と地上の国家を区別し、宗教の問題は個人の内面にかかわる私事としてとらえられるから、国家−公教育は宗派的に中立であるべきことが力説される」（持田 1984：113）。神の秩序と地上における人間の秩序の区別を強調するプロテスタントは、「教育は現実において神の秩序を代表するカトリック教会の意志に従って進められるべき」であるとするカトリックとは著しく相違する。

　プロテスタントにおいて典型的なように、近代社会においては、宗教は「私事」として取り扱われてきた。それゆ

え、「公共」としての国家は、宗教に対しては中立的である
ことが前提とされる（持田編 1979：86）。これが、いわゆ
る「政教分離原則」である。

　しかし、元来「私事」であるはずの宗教は、公教育から
完全に切り離されているというわけではない。というの
も、「かりに宗派が社会共同の利益と考えられている場合に
は、宗教教育じたいが公共性をもち、公教育において宗教
教育を行なうことも可能だという理屈がでてくる」（持田編
1979：88）からである。持田によれば、ヨーロッパにおけ
るカトリックは、私事としての宗教が、公益の実現にあず
かっているのだから、宗教教育は公共性を有するというレ
トリックを強調してきたという。

　要するに、プロテスタント、カトリックのいずれにおいて
も、宗教と並ぶ私事である「家庭」における教育こそが基
盤であり、幼児教育施設はあくまで家庭教育を「補完」す
るものであって、「代替」するものではないとしていた（持
田 1967：70）。フレーベルの設立した幼児教育施設である
キンダーガルテンにみられるように、幼児教育施設は「「子
ども部屋」の延長として、家庭的雰囲気の豊かなものとし
て構想されるべき」であるという理念が受け継がれてきた
（持田 1967：70）。このことは、幼年期教育の内容にも影響
を与えている。例えば、「幼児を現代における「科学」の
進歩に適応させる、という配慮よりもかれ等の「人間」そ
のものを育てようという関心が見られる。この特徴は、幼
年期の教育では道徳・宗教教育がとくにたいせつだ、とい
う考え方と関連している」（持田 1967：76）。家庭における

「私事」としての道徳・宗教教育を「補完」するものとして、幼児教育施設が位置づけられていることは、幼児教育施設における「科学」教育を弱いものにしているという。

前章までで明らかにしたように、持田によれば、幼年期教育に限らず、近代教育の大前提には、「家庭保育（教育）原則主義」があった。すなわち、「家庭教育こそがいっさいの教育の基礎とされ、それを補うものとして学校教育が位置づけられる」のが、幼年期教育のみならず近代教育の特質である（持田編 1979：132）。

近代教育は、教育を、国家に依存することなく行われてきた「私事」として位置づける。特に近代前期においては、「教育はまず私的個人の私事として成立する。そして、その私事としての教育の総体が教育の全体である、と考える。ここでは、私的な教育と社会全体の教育とのあいだに予定調和があり、レッセフェール（自由放任主義）の原則が貫いている」（持田編 1979：86）。この段階では、教育はあくまで「私事」としてのみ位置づけられており、「教育の公共性」という概念はいまだ登場してはいなかった。

幼年期教育も同様に「私事」であるとされるので、それは民間のイニシアチブに任されることになる。「幼児の教育が親の「私事」と考えられていたから、保育制度は経済的に余裕のある階層の子どものための「幼稚園」と低所得者層のための社会救済施設としての「託児所」（保育所）に分断」され、そこへの国家の介入は遅れた（持田 1984：37）。

教育の「私事性」原則と、そこから派生する「家庭教育−保育中心主義」の原則が幼年期教育を義務・無償化する

ことを拒んできた（持田 1984：38）。つまり、教育は「私
事」なのであるから、そのコストは私的に家族が負担する
べきだと考えられる。機能面でいえば、「幼稚園や学校の機
能が拡充されればされるだけ、親の教育権－家庭教育の役
割は制限される」（持田 1984：90）。家庭における教育役割
が、いわば幼稚園・学校に奪われてしまうという事態が生
じたのである。

　資本主義が発展する近代後期（19世紀末から20世紀初
頭）になると、近代前期に信奉されていた「レッセフェー
ル原則」は放棄され、教育に対する国家の積極的な介入が
始まる。「国家」による教育の「社会化」こそが、「教育の
公共性」を生み出した（持田編 1979：86）。国家による「教
育の公共性」の成立である。国家による「教育の公共性」、
つまり国家による教育の「社会化」は、「法」、つまり立法
府による立法という形式的手続きによって実現されると考
えられている。

　「国民の教育権」論に典型的にみられるように、一般的に
「教育の公共性」は、「教育の私事性」に対立させられてき
た。しかし、公共性を私事性と二項対立させることは、誤
りであると持田は考えている（持田 1973：58）。教育の「私
事性」と対立するのは、国家によって構成された「公共性」
ではなく、本来、市民相互の共同によって構築・維持され
る「社会性」であるべきであり、教育の「共同社会」的な
性格であるはずなのである。幼年期教育における「共同社
会」の創造原理を、持田はのちに、仏教の中に見いだして
いくことになる。

3. キリスト教と仏教のコントラスト

　西ドイツ生活を経験した持田は、西ドイツと日本を比較
し、両者の相違の遠因を「宗教」に対する態度に求めた。
持田は、仏教を含む宗教が、日本の「市民社会」の中では
弱い位置づけしか持ちえてこなかったとする。

　　宗教（とくに仏教を含めて）が、日本においては西欧
　　の場合と違って、市民社会のなかにかならずしも根を
　　下ろしているとはいえない。だから、宗教教育が［中
　　略］制度が期待するような形では市民各人の問題とは
　　なっていない。制度のタテマエは、宗教を信仰するた
　　めには宗教を各個人一人ひとりの内面の問題として捉
　　えなおすのが妥当なのであって、そのためには、国家
　　が介入しなくてもよい。（持田編 1979：95）

　宗教が、「市民社会」の中での役割を果たしえていないと
するならば、宗教教育も、市民一人ひとりにとって重要な
ものだとは認識されないことになる。

　持田は、日本において、「市民社会」の成熟が弱いことを
懸念していた。西ドイツと比較したときの日本の特質とし
て、持田は「社会」と「国家」の区別の強弱を挙げる。西
ドイツにおいては二元的に捉えられた「社会」と「国家」
は、日本においては「社会」と「国家」が「矛盾のない一
枚岩」のようなものと考えられてきた（持田 1984：207）。
それは、戦前の教育勅語に代表されるような「家族国家」
倫理として、国民に受け入れられてきたのである（持田編

1979：21)。持田は、日本にみられるこのような国家観を
「社会＝国家一体観」と呼んでいる。つまり、「国家」の中
に、「社会」が溶け込んでしまっているというのが、戦後
日本の特質だというのである。宗教が根差すべき市民社会
の土壌が育っていないので、宗教や、それを信仰する個人
は、国家という「公共性」の内に強力にからめとられ、溶
かし込まれていってしまう。

　持田は、市民社会という「公共性」が脆弱な日本におい
て、宗教を核として「新たな公共性」が創り上げられるこ
とを望んでいた。それは、〈公共性＝国家〉という等式を
崩して、市民相互のネットワーキングを軸としながら、新
しい「共同社会」を創出したいという願望であった。持田
は、〈国・地方公共団体の監督下にあるもの〉として公共と
してとらえるのではなく、〈社会共同体〉的なものに奉仕す
る教育をこそ「教育の公共性」と呼ぶ発想をもつことの重
要性を主張した（持田編 1979：113)。そして、社会共同体
を創り上げるプロジェクトにおいて、宗教、特に仏教が力
を発揮しうると考えていたのである。つまり、仏教と向き
合う中で持田がつかみ取ったのは、「地域社会のなか」に、
そして個人の「心の問題」に仏教が接点を持つようになる
という課題であり、その個人の「心の問題」を、仏教が接
合していくことを願ったのであった（持田編 1979：97)。

　西欧の市民社会に相当するものとして、持田が重視する
のは「地域」である。彼にとって、「地域」とは、単に自然
地理的条件によって決定される「地域的空間」なのではな
いし、地域の住民が共通して抱いているとされる「共通意

識」としての情緒的絆というような、形を持たぬ「観念的なもの」なのでもない。「地域」は、「労働と生産の過程で人間自体がつくり出した歴史的社会的なもの」（持田 1971：235）、すなわち人間が生活をする中で、人間同士がつながり合い、創り変えつづけてきたし、将来も創り変えつづけていくことになるリアルなもの、実体的かつ変動的な関係性そのものなのである。そのような、関係的生活の場である「地域全体の要求に答える」保育を実践することを、持田は望んでいた（持田編 1979：113）。

　持田にとっての仏教は、現代的な社会問題への処方箋を有しており、その意味で仏教は決して「古いもの」、「前近代的なもの」、「時代おくれのもの」なのではない（持田 1984：236）。仏教は、現在において必要とされる、新しい「公共性」のモデルなのである。「半封建的な人間関係がくずれ去ったあとの、カオス化した地域社会に新しい公共性をつくり上げること」によって、仏教教育・保育の現代化を実現することができると彼は考えていた（持田編 1979：97）。持田が求めていたのは、現代における仏教、そして仏教教育・保育のアップデートだったのである。彼は、宗教はつねに「人間の生き方を絶対の形で表明したものであるだけに、たえず進歩し発展する社会の現実から遊離する危険性を内包」していることを見落としていなかった（持田 1974：8）。

　持田によれば、近代以降、「宗教はかつてのようなオールマイティの存在ではなくなり、人間のこころの奥底の問題として位置づけられるようになり現在にいたって」いる。

「近代の社会においては、利己的な現世の人間は、こころの
奥底にひそむ「宗教」の世界をとおして真の人間を自らの
うちに呼びもどし、人間としての共同性を恢復するもの」
と考えられるようになった（持田 1974：6）。持田にとっ
て、人間とは本質的に共同的な存在であった。人間は人間
と関わり合うことによってのみ、人間存在として生きるこ
とができるのである。

　人間の本質である共同性を再生することが、現代宗教の
課題であるとしたら、宗教は現在、共同的なものであるこ
とを特質としなければならない。持田は語る。「宗教は一人
だけの宗教としてあるのではない。宗教は共同的なものな
のだ。その共同的なものを私的に選択するということにお
いて、信仰の自由があり、宗教の私事性があるわけだ。信
仰の自由というと、宗教がこま切れになってしまって、一
人ひとりの宗教ということになりがちだけれど、そういう
ものではない」（持田編 1979：206）。

　西欧近代社会の基盤としてのキリスト教は、かならずし
も人間の共同的な面を押し出してはこなかった。むしろキ
リスト教は、共同性以前の、人間の「個」としての存在を
強調してきたと持田は考えている。キリスト教的精神風土
においては、「神」を絶対神として措定したうえで、「神へ
の信仰と承命の倫理を基礎に、人間の個としての存在を強
調し、すべての人間の「平等」を理念的に説く」ことにな
ると、持田はおそらくプロテスタンティズムを念頭におき
ながら考えていた。本来的には「社会共同的」であるはず
の人間を「アトム［原子］的個人に分解してとらえ、また、

本来一体であるべき自然と人間、科学と人間を二つのもの
に切りはなしてとらえる」というキリスト教的人間観の帰
結として、近代社会の抱える諸問題が生起しているという
（持田 1984：236）。

　　キリスト教が人間の世界とは区別されたところに唯
　一絶対の神の世界を求めるのに対し、仏教は人間の主
　義と人間の宗教であることを特徴とし、現実の生活の
　矛盾のなかで悩める一人ひとりの矛盾をもっともリ
　アールにして合理的な形で体認していくことにおいて
　特徴的である。そこにおいては西欧近代においてみら
　れるように人間の自由と平等を理念的にかかげ、そこ
　から現実を批判し、その実質において現実の不平等を
　容認するという方法をとらず、現実の人間、労働力商
　品としての人間の現存のなかに真実の人間を復元して
　いくという発想がみられる。キリスト教的人間観が個
　人主義的であるのに対し、仏教におけるそれは相互依
　存関係のなかに人間を見出し、集団のなかに主体的個
　人を位置づける。（持田編 1979：141）

　キリスト教における原子的な「個」としての人間を強調
する立場に対置させる、関係論的原理として、持田は仏教
を選択したのである。仏教は、「西欧の近代教育の基礎にあ
るキリスト教的精神文化を日本的教育の現実においてはな
にによって代替するかという問題」（持田編 1979：23）に
対する解答であった。「日本において近代教育を支える精

神的基礎」の探究（持田編 1979：24）を試みる中で、持田
は「仏教保育」への期待を高めていくのである。彼は単に、
〈西洋＝キリスト教〉原理に〈東洋＝仏教〉原理を対立させ
ようとしたのではなく、日本の近代という特殊な状況の中
で、教育の本質を具現化・実践化するための理念を、仏教
を再構成することによって創り上げようとしたのである。

４．新しい共同実践としての仏教保育へ

　近代思想とその基礎をなすキリスト教思想と比較したと
きの仏教思想の特質を、持田は人間と「絶対者」との関係
の中に見いだしていた。

　　西欧近代の思想、さらにその底にあるキリスト思想
　とは異なり、人間主体と絶対者との関係を二つのもの
　としては理解せず、両者を相即する一者としてとらえ
　るところに仏教思想の特色があります。このゆえに、
　仏教思想においては真実――絶対者は固定したもので
　なく、発展するものと考えられ、また、平等観は、よ
　り絶対的なものとしてうけとめられます。（持田 1984：
　256）

　教育に即していえば、「教える者」と「学ぶ者」の区別
は基本的にはなく、両者の関係は「ともに仏の道を求める
行者であり、同朋同行の関係」として捉えられることにな
る（持田 1984：238）。このような関係性を「自信教人信」
（善導大師の『往生礼讃』に登場する一節。親鸞は『教行信

証』の「信巻」でこれを引用している)の関係だと持田は
いう（持田 1984：238）。人が人に教えて、仏恩を信じさせ
るようにするということは困難極まりないことであるとい
うことを知らねばならない。人間は、自力で誰かに何かを
教えることができるという傲慢さを捨て去らなければなら
ない。他者に教えることの困難、あるいは不可能性に気づ
かされなければならない。「教える者」であった側も、「学
ぶ者」であった側も、絶対者を「信ずる」よりほかになく、
その恩寵に浴して、恩に報じるほかはない存在だという点
において、絶対的に平等なのである。そして、そのような
絶対的平等な他者との関係性こそが、教育の場において求
められるのである。

　このような、仏教における人間観の絶対的平等という思
想は、当然ながら、教師・保育者と保護者との間の関係に
も同様にあてはまる。仏教保育においては、「親と教師は
親と教師という立場で話すのではなく、同じ人間として話
し合うことが基本」になる（持田編 1979：118）。教師や保
育者は、キリスト教の聖職者になぞらえられる「聖職」な
のではなく、仏教保育における保育者は、どこまでも「人
間」なのである（持田 1984：274）。共に「人間」であると
いう点において、教師・保育者と保護者は平等である。

　このような仏教における平等思想は、単に人間関係、社
会構成原理として働くだけではなく、科学観、知識観にも
反映されていく。仏教においては「絶対神を措定せず、現
実の人間の生活そのもののなかに仏の道が追求」されるの
で、「科学と人間は、より一体的なもの」と捉えられること

になる（持田 1984：238）。日本の仏教思想においては「知
識は知恵として人間主体とのかかわりにおいて追求」され
てきた（持田 1973：182）。持田はいう。「知識は人間主体
から離れた客観的なものとしてはとらえられず、絶対の個
人も存在しない。知識は知恵として人間主体とのかかわり
において追求され、人間は流転し発展する諸関係のなかで
縁によって結ばれ現存するものとされる」（持田編 1979：
161f.）。このような生活に根差した実践的知識観は、関係
的知識観・力動的知識観と呼んでもよいだろう。このよう
な関係的・力動的知識を、持田は「知恵」とも呼んでいる
（持田 1985：11）。「知恵」は、人間と人間の関わり合いの
中においてこそ生じ、その関わり合いの中でこそ活きてく
るものなのであるから、そこにおいて知識を「教える者、
学ぶ者という区別」は存在しない（持田編 1979：162）。両
者は共に「同朋同行」の関係として捉えられる（同朋・同
行とは、蓮如が、親鸞の言行として、「御文章」一帖におい
て紹介している語である）。

　持田はいう。「仏教は「信ずる」ための宗教ではない。仏
教は「真理を求める」ための宗教である。したがって、教
育は「真理を求める」こととしてある。仏教における「真
理」とは、人間各人が、自己の生活をかけて追求するもの
である」（持田 1985：12）。このように、知識を実践化＝人
間化することを仏教思想は重視してきたのであり、この態
度を、近代科学に対しても追求すべきだと持田は考えて
いる。現代における仏教、仏教教育・保育は、「現代にお
ける自然科学・社会科学の法則と矛盾するもの」（持田編

1979：25）であってはならず、それと調和するものでなければならないし、そのような態度は、仏教思想の中に脈々と継承されてきたとされるのである。

　知識を実践的なものとして構成しようとすること、知識を社会共同的な関わり合いの中で獲得され発揮されるものだとすること、そして知識の〈学び手／教え手〉の絶対的な区別を排して、両者の相互作用を重視すること、という仏教とその教育思想から持田が抽出している思想は、マルクスの教育思想と共通している（マルクス 2002：234）。

　持田にとって、仏教というのは単に教義の体系なのでもなければ、信仰の形態なのでもない。それは生活態度、生活規範、特に人間関係と自然に対する関係に関する規範・態度なのである。仏教保育について語るとき、持田のいう「仏教」はかならずしも既成の宗派仏教を意味せず、「釈尊」、一人の人間としてのガウタマ・シッダールタの考え方と生き方を指すという（持田編 1979：24）。それゆえ、持田は、特定の宗派の名称を挙げていないだけでなく、具体的な経典の名称を示すこともほとんどしていない。持田が求めているのは、あくまで生活規範や思考態度ともいうべき「原理」としての仏教であった（持田 1984：229）。

　ただし、例外的に、浄土真宗の開祖・親鸞の言行録とされる唯円『歎異抄』については、わずかながら直接的な言及がみられる。例えば、持田は『歎異抄』第5章に言及しながら、「子ども・親・教師たることの前に「弥陀の本願」に導かれた人間の存在があるのであり、このような絶対の立場に立って人間の連帯が切り結ばれる」とし、「仏教保育

における子ども・親・教師の関係は、市民社会の現実に生息する現実の三者の関係ではなく、それを問い返し超克した仏をもとめる絶対的人間」同士の関係を基盤とすべきだという（持田 1984：260）。つまり、現在の子ども・親・教師の三者関係が、社会の現実に歪められているという実態を根本的に批判したうえで、三者が共に「絶対的人間」であるという新しい自覚の上に、「絶対的人間」同士の関係性を結びなおしていくことが必要なのである。持田が、親鸞の思想に見いだしているのは、絶対的存在の下において、絶対的に平等な存在としての人間という自覚に立ち返ることによって初めて、人間の連帯が可能になるという共同性の思考なのであった。

　仏教は元来、「アナーキーの傾向」をはらみつつも、仏教は「本来実践的であるとともに人間主義の立場」に立つものであると持田はいう（持田 1984：261）。仏教が「アナーキー」であるというのは、現世的な権威や秩序をかりそめのものとして絶対視しないことを意味しているのだろう。さらに、持田のいう「人間主義」というのは、現代社会の中で生活し、様々な苦悩に打ちひしがれる人間のリアルな姿を捉えようとする態度のことである。

　キリスト教と仏教におけるそれぞれの変革の思想について、持田は次のように述べる。

　　近代公教育においては、教育は市民個人の私事としてとらえられ、教育は個人的に理解されるが、仏教においては、縁によって結ばれた連なりのなかにおける人

間のあり方が追求されます。近代公教育における「自由」と「平等」はキリスト教的絶対神の前での「自由」と「平等」です。したがって、それは「天上」の輝ける理念としてとらえられ、そこから「地上」における差別と支配の現実が批判されます。これに対し仏教においては、現実のさまざまの歪みのなかで、そこからどのようにして脱却し、そのような現実をどのようにかえていくかが追求されます。(持田 1984：237)。

　仏教は、キリスト教のように天上の理念と地上の現実を対比して、後者を非難することはない。仏教は、あくまで生活現実に即しつつ、その変革を試みる実践原理なのである。

　　釈尊に始まる仏教的ものの見方、考え方そして生き方は、その本質において時代とともに変化する発展観を基礎としている。仏教は透徹した人間主義と人間の宗教であることを特徴とし、現実の生活の矛盾のなかで悩める一人ひとりの人間の矛盾をもっともリアルにして合理的かつ実践的な形で体認し解決していくことにおいて特徴的である。さらに、そこにおいては絶対者はなく、ひとはすべて仏性をもつ求道者であり、その集団（サンガ）は最高の友愛と徹底した平等に満たされた真理探究者の集団であり、キリスト教的見方が個人主義的であるのに対し集団主義への志向が強くみられる。(持田編 1979：25)

　宗教の形式化を批判し、「たえず、社会の現実に脚をおろ
し、そこにおいて苦悩している弱者の側に自らをおくこと
を追求」するリアリズムとしての宗教を求める持田にとっ
て、人間を、道理をわきまえない「凡夫」と捉える仏教の
人間観は魅力的に映ったのだろう（持田 1974：9）。人間
は、「凡夫」であるがゆえに、孤立したまま生存していくこ
とはできないから、他者との関係を必須とするし、集団を
構成して共同的に生きてゆかなければならないのである。

　保育者・教師もまた「凡夫」である。持田にとって、保
育者・教師は、正統教義に精通した「聖職者」ではない。
「教師が教師としてもっている顔と、人間としてもってい
る顔とのあいだの矛盾」がある。この「一個の人間がもつ
ふたつの顔という矛盾は、再統一されていかなければなら
ない」（持田編 1979：118）。つまり、保育者・教師もまた、
「人間」であるという現実に立ち返ることで、単純な教育技
術の専門職として捉えられる一面的な保育者・教師観を乗
り越えることができると持田は考えている。

　そして、親、保護者も「凡夫」にほかならない。1960 年
代に教育学において力を持った「国民の教育権」論（第 1
章参照）のように、「教育→国民→内なるもの→聖なるも
の」とし、国民としての親を神聖視・絶対視することは適
切ではない。「親だけについて考えてみてもそれは一律に神
聖なものではなく、仏教的にいえば、悩める愚人であり、
悩める異生（凡夫）である」（持田編 1979：105）。

　教師・保育者も、親も、等しく矛盾を抱えた「凡夫」と
しての人間なのであり、その現実から目を背けてはならな

い。そして、「凡夫」としての「悩み」に、互いに立ち返ることによってこそ、新しい「人間」相互の共生が始まるのである。

　繰り返しになるが、持田にとって「人間」に立ち返るということは、人間が、共同的・関係的存在であるということを自覚することから始まる。現代における幼児期教育改革の課題は、「教育を「自己教育」を原点にすえた人間の関係性と共同性のもとにとらえていくこと」である。それは、人間の成長・発達とそれに関与する教育を「私的個人的なもの」としてではなく、「関係性と共同性」の中で捉えなおすことと同義である（持田編 1979：147）。このような、関係性と共同性が交錯する社会共同の場を、持田は「ひろば」と呼んでいる（持田編 1975：53）。「ひろば」は、人々のつながりである「社会的文脈」と、人々がつながりつつ創り上げてきた歴史としての「文化的伝統」の上に成り立つ。開かれた歴史的かつ社会的トポスである「ひろば」においてこそ、子どもは自己形成してゆき、保育者と親は主体的市民として成熟していくことが可能になるのである。

　「ひろば」を創り上げるという課題は、実際の幼児教育施設の運営に関していえば、それは近代教育において分化した教育実践と経営管理とを再統合するという課題として捉えることができる（持田編 1979：155）。すなわち、親、教師・保育者という実践者が、経営・管理に対する発言権を持ち、それに主体的に参加することを実現するという課題である。三者が共に実践と経営・管理の双方に関与することが目指されるべきなのであり、両者が分離されてはなら

ないというのである。

　ただ、持田は、仏教、仏教保育の現状を全面的に是認していたわけではなかった。例えば持田は、仏教は、「諦観を伴い、現実肯定と現実適応の保守主義を生み、社会進歩をおしとどめるように作用する」危険性があり、日本においては実際にそのような機能を仏教思想が果たしてしまっているという懸念を示している（持田 1976：183）。仏教が「諦観」を強調してしまうと、それは現状追認の保守的態度の温床となってしまうというのである。

　さらに彼は、「日本的精神風土」を反映した仏教教育のマイナス面として、「人間の発達と教育を関係性においてとらえることが志向されながらも、その認識の仕方は観念的であり、生涯教育実践は、教育の現実への変革的志向を欠いた形で、人間個人のこころがまえに矮小化され、私的「教育相談」に堕」してしまっているという現状を指摘している（持田 1976：152f.）。人間を、関係性において捉えようとせず、個人としてのみ見ようとする時、個人内面の問題への対応こそが教育だというように捉えられる。そうなってしまえば、人間関係を変革し、教育を取り巻く現実を変革しようとする態度は失われてしまう。

　持田は、私立幼稚園における宗教教育の現状についても批判のまなざしを向けていた（持田 1972：239）。宗教教育が実質的な形で行われておらず、「形式的」なものに陥っている現状があることを指摘する。宗教教育の形式化という問題は、日本においては、宗教が個人の内面の問題として認識されてはいないという実情から生じているものだろう

（持田編 1979：95）。現代日本においては、「宗教」が形式化しており、教育関係者の心の奥底に食い込むような「生命力」を失ってしまっていることを持田は懸念していた（持田 1974：8）。宗教教育・保育を、単に宗教行事や宗教儀礼（祈りの唱和、宗教歌の斉唱など）といったような、形式的・表面的な、いわば可視的活動に限って捉えるのではなく、子ども自身の、そして保育者自身の生活実践の態度として血肉化していくような仏教保育を、持田は渇望していたのである。

　持田が創造しようとしていた仏教保育論は、既存の教育学の用語や、教育要領や保育指針の一節を「仏教語」に置き換えただけのような短絡的なものにとどまるはずはなかった。仏教保育が、子ども・保育者・保護者を取り巻き、からめとっている社会的情況に真剣に向き合い、それにコミットメントしていく方向性を示すことができないかぎり、容易に社会問題に目を瞑り、現状を追認しつづけるという惰性に陥ってしまうという危険に、持田は警鐘を鳴らしつづけていたのである。

　以上みてきたとおり、持田は、子どもと子ども、子どもと保育者、子どもと保護者、そしてそれら三者が、それぞれが悩みを抱えた平等の存在として出逢い、学び合い、関わり合い、語り合うコミュニティを創り上げようと試みていた。そのための一番のヒントは、難解な仏典の中にではなく、仏教の提案する生活実践の中にあると見抜いたことが、持田の最大の功績といえよう。持田が、仏教の生活実践の中に、新しいコミュニティ創造のための原理的な核がある

ことを見いだしたのは、高度経済成長の只中であった。農村部から都市部へと若者が労働力として移動し、そこで結婚し、子育てを始めた時期である。都市部においては郊外化が進み、核家族がゆきわたるなかで、地域の絆を結び合うことの困難を持田は予感していた。持田自身が子育てをし、家族と暮らした国分寺においても、事態は同様であったろう。

　持田の仏教保育論は、仏教保育コミュニティ論にほかならない。コミュニティを創造するということは、そこに参画する人間自身の再創造を不可避に引きおこす。仏教保育というコミュニティの創造／再創造という実践は、子ども・保育者・保護者が、お互いの既存の関係を固定化せず、関係性をダイナミックに変動させることで、自らの人間性をも揺り動かし、自らを創り変えつづける果てしない自己生成のプロセスであると、持田は信じていたのである。

第 3 章の参考文献

阿部正雄 (1954)「仏教とマルクス主義」創文社編集部編『マルクス主義か宗教か』（現代宗教講座第 II 巻）、創文社

稲井智義 (2016)「持田栄一の幼児教育制度論：ルンビニー学園における実践の「共有化」との関わりに着目して」『幼児教育史研究』11

小川正通 (1966)『世界の幼児教育：歴史・思想・施設』明治図書出版

孝橋正一 (1968)『社会科学と現代仏教：仏教の社会化をめざして』創元社

親鸞 (1957)『教行信證』金子大榮校訂、岩波書店

親鸞 (2006)『現代語訳：歎異抄』野間宏訳、河出書房新社

鈴木祥蔵（1999）『親鸞と人間解放の思想』明石書店

友松諦道・佐藤利清・村山祐一編著（2014）『保育運動と保育団体論』（戦後保育50年史第5巻）、日本図書センター

中村元（1955）「未来に生きる仏教」創文社編集部編『現代日本の精神状況』（現代宗教講座第Ⅵ巻）、創文社

福井豊信編（1972）『幼稚園：2才〜5才までの教育』国土社

増谷文雄（1985）『仏陀』叢文社

マルクス（1974）『ユダヤ人問題によせて：ヘーゲル法哲学批判序説』城塚登訳、岩波書店

マルクス（2002）「フォイエルバッハに関するテーゼ」マルクス・エンゲルス『ドイツ・イデオロギー』（新編輯版）、廣松渉編訳、岩波書店

宮坂広作（2005）「故持田栄一教授の幼児保育論」『生涯学習フォーラム』8（1）

持田栄一（1967）「幼稚園：家庭教育の補完」『福祉国家の教育像：現代西ドイツの教育』国土社

持田栄一（1968）「現代幼年期教育学制の展望：幼児の権利の保障についての覚え書」『教育学研究』35（3）

持田栄一（1969）「総説・現代の幼年期教育：課題と展望」現代幼年期教育研究会編『現代の幼年期教育：世界と日本』ひかりのくに昭和出版

持田栄一編（1969）『教育』（講座マルクス主義6）、日本評論社

持田栄一（1971）「幼年期教育学制改革への提言」大阪府私立幼稚園連盟編『幼児教育の現代化』明治図書出版

持田栄一（1972）『幼児教育改革：課題と展望』講談社

持田栄一編（1972）『幼保一元化』明治図書出版

持田栄一（1973）『学制改革：その構想と批判』国土社

持田栄一（1974）「「教育」における「宗教」：一つの問題提起」持田栄一編著者代表『現代に生きる宗教教育』（未来をひらく幼児教育13）、チャイルド本社

持田栄一編（1975）『幼児能力の早期開発』明治図書出版

持田栄一（1976）『「生涯教育論」批判』明治図書出版

持田栄一（1979）『教育行政学序説：近代公教育批判』（持田栄一著作集 6（遺稿））、明治図書出版

持田栄一編（1979）『仏教と教育』日本評論社

持田栄一（1984）『幼年期教育の制度と理論：持田栄一遺稿論文』持田栄一遺稿論文刊行会

持田栄一（1985）「序文　人間形成への道：仏教の教育哲学」増谷文雄『仏陀』叢文社

山本保（1979）「持田教育論における仏教」東京大学教育学部教育行政学科編『持田栄一先生追悼論文集』

渡辺真澄（1984）「わたくしのみた保育界の人・持田栄一」『幼児と保育』30（5）

おわりに

　本書を通読していただいた読者は、持田栄一の近代公教育批判の主題、すなわち「家庭教育原則主義」と呼ばれる教育の私事性への批判と、その私事性を国家が資本主義社会のロジックに合わせて再構成したものとしての学校教育に対する批判は、彼の幼年期教育論においても、カノンのように反復されていることに気づかれただろう。持田の幼年期教育制度に対する分析は、近代公教育に対する分析と論旨一貫したものであり、彼が指摘した問題点、例えば幼・保の二元性とその一元化の困難などは、21 世紀を迎えた今日においてなお、制度論、実践論双方において、議論のテーマでありつづけている。

　しかし、幼年期教育の理想型、特に持田が仏教思想に依拠しながら構想した、保育者と子ども、保育者と保護者の水平的関係性の構築や、子どものリアルな生活と結びついた学びの場の創造などについては、観念的・抽象的な言葉で謳われるにとどまった。それを実践化し、保育方法論として体系化していく時間は彼には与えられなかったのである。持田の提示しえた透徹した制度論的分析と、曖昧なまま残された実践論・方法論の提案の間には、深い亀裂があるように思われる。晩年の持田が、仏教思想を理念に据えつつ実現しようとしていた社会共同的保育実践のデザインは、彼の没後に遺された現在的な方法論的課題でありつづけているというほかはないだろう。私たちは、持田が詩的に謳った保育実践をめぐる言葉を介して対話をつづけなが

ら、保育を社会共同的な公共空間として形成し、維持して
いくための試行錯誤を繰り返していかなければならない。
社会共同的な公共空間としての保育は、そこに関わる市民
——子ども・保育者・保護者・地域住民——によって、未来
に向けて新規に、不断に再創造されていくものなのである。

　園が、家庭が、公共的に開かれたとき、園も、家庭も元
のままの園、家庭ではありえない。開かれた園、開かれた
家庭として、全く新しい姿で現れることになるだろう。そ
のとき、園で生きる保育者、家庭で生きる保護者、そして
園と家庭の双方で生きる子どもも、元のままの姿ではなく、
新しい人間存在として生きはじめることになるだろう。保
育を開きつづけること、保育という公共空間を再創造しつ
づけることは、そこにコミットする人間、すなわち子ども、
保育者、保護者が、それぞれの形で自己の不断の再形成を
図ることと切り離しえないはずなのではないか。持田はそ
う問いかけた。彼の〈問い〉は生きている。このことを確
かめて、〈保育〉をめぐって、近代・宗教・公共性を問い
なおそうとした持田の奮闘のあとを辿る本書の小さな試み
に、ひとまずの区切りをつけたいと思う。

　著者は1985年生まれゆえ、1978年に没した持田との直接
的なつながりは、当然ながらない。しかし、持田が学生と
して、そして教員として籍を置いた東京大学教育学部の教
育行政学研究室は、著者が学生として7年間在籍していた
旧教育史・教育哲学研究室の〈隣室〉であったこともあっ
てか、その独特の存在感に、学部生であった2007年頃より
惹きつけられてきた。持田の名を初めて目にしたのは、大

学院修士課程の頃の指導教員であった、小玉重夫先生の修士論文においてであったように思う（小玉重夫「戦後教育理論における教育と社会の関係認識をめぐる相克の地平：「教育の社会性」認識における国家論的位相への第一次的接近として」『東京大学教育学部紀要』29、1989年）。小玉先生は、大学院のゼミナールにおいても持田を取り上げ、「持田理論」がつねに周縁化されてきたことを、日本における社会民主主義的勢力の退潮と重ね合わせながら、悲劇的な響きをもって語られた。しかしながら、小玉先生自身の持田に関する言及は断片的なものに留まっていて、先生の博士論文以降のライフワークとなった英米圏の政治教育思想研究と、「持田理論」との関わりについては明示的に論じられることなく今日に至っている。小玉先生による持田についてのレヴューは、いわば未完のままに終わったわけである。

　学部生の頃、郷里静岡の高校歴史科の恩師であった清水実先生（当時、藤枝東高等学校教諭）の誘いにより、静岡県近代史研究会の例会にて、堀尾輝久と持田栄一との間に展開された教育の私事性と公共性をめぐる論争について報告したこともあった（吉田直哉「戦後教育学の〈国家〉像：政治史のなかの「堀尾＝持田論争」」、静岡県近代史教育研究会例会報告、2008年3月）。しかしながら、その後、著者の優柔不断により、卒業論文、修士論文のテーマとして持田とその周辺を扱うことができないまま、2011年3月、東北震災直後に著者は東京大学大学院教育学研究科を去って四国の短期大学に教員として赴任、保育士養成に奉職す

ることとなった。本書の第1章につながる論文が、著者が
在籍していた研究室の紀要に掲載されたのは、その直後の
2011年6月であった（吉田直哉「持田栄一の「幼保一元化」
批判論における公共性認識」東京大学大学院教育学研究科
基礎教育学研究室編『研究室紀要』37）。これは、本書の原
型となった初出論文であるともいえるが、今になってみる
と粗が目だつものである。一部を本書に再掲してはいるが、
それさえも、ほとんど原形をとどめないほどに改変されて
いる。なお、第2章、第3章の一部は日本保育文化学会第
9回研究大会（長野県立大学、2023年9月）における研究
発表の内容と重なっていることを付記しておきたい。その
研究発表に際しては、2023年度科研費若手研究の助成を受
けた。

　初出論文発表から12年以上にわたる保育士養成校教員
としての勤務を継続してきて、持田が提示した問題圏から
は遠ざかっていたのだが、ふとしたことから日本仏教保育
協会が、1980年から半世紀近くの長きにわたり、持田の遺
族、特に郁子夫人の協賛を得て、「持田賞」として仏教保
育研究の顕彰を続けてこられたことを知った。持田の最晩
年の遺志は、2022年の郁子夫人のご逝去をも乗り越えて、
仏教保育の実践者の心のうちに脈動をつづけているのであ
る。なお、日本仏教保育協会の本部は東京芝の増上寺境内
に置かれているが、増上寺は持田の葬儀が通仏教で営まれ
た地である。

　最晩年に近い持田が仏教に強い執着を示していたこと
は、大学院の学友であった稲井智義さん（北海道教育大学）

から教示を受けていた。しかし、著者はそのことの意味をつかみ切れないできた。著者の持田への偏愛とも拘泥ともつかぬ想いを、小著にまとめようと思い立ったのは、2023年3月のことである。それから数週間で、本書の草稿は一気呵成に書き上げられた。本書の刊行に際して、稲井さんから推薦文を頂戴し、裏表紙に掲載することができることを、たいへん嬉しく思っている。

　稲井さんは、2016年頃から持田の思想経歴を追跡する研究プロジェクトを、科研費の交付を受けて開始されていたが、奇しくもこのプロジェクトも、研究論文2編を公刊したのち、まもなく中絶するに至ったようである。小玉先生のプロジェクトの中断とあわせて鑑みると、持田の理論遍歴は、安易な総括・要約を拒もうとするもののように思われてくる。

　持田の謦咳に触れた者が等しく語るように、教育行政学・制度学の「グランド・セオリー」ともいうべき独自の「持田理論」を掲げながら、彼が視野におさめようとしていた教育事象はあまりに広範でありすぎ、研究領域の細分化が極度に進んでいる今世紀の教育学研究者には、持田教育学の総体を捉えようとすること自体が、既に無謀な試みであるかのように感じられるのかもしれない。あるいは、持田は、「教育によって社会を変革する」のではなく、「社会を変革することで教育の変革がもたらされる」と考えていたから、彼の思想は教育改革論というより社会変革論（の一環としての教育学）であった。それゆえ、彼の視野には「社会」全体がおさめられることになり、いきおい彼の構想

は壮大無比なものとなって、凡人による総覧を困難にしたということもできるかもしれない。社会科学全体における「グランド・セオリー」への関心の退潮は、持田教育学へのパースペクティヴを曇らせることになっているだろう。

著者は曹洞宗の一信徒ではあるが、小著をまとめようとする情熱は、宗教的熱情というより、純粋な知的関心によるものであったように思う。持田との12年ぶりの〈再会〉、それからの短期集中的な執筆過程を経て、このたびの刊行に漕ぎつけることができた。本書は、厳密な意味において学術書であるというよりも、「新書」というメディアの特性を活かすべく、一人の異端的な教育学徒の思索の歩みに沿った、小さな思想的伝記であることを願って書かれた。本書が、現代を生きる、教育・保育につよい関心を寄せる人々の思索のための機縁となることを念じてやまない。文献学的な正確性をもとよりおろそかにするつもりはないが、細部において誤解・誤記があるかもしれない。読者諸賢からのご指摘をまちたい。

本書の刊行にあたっては、学術研究出版の機動的な出版システムのアドバンテージを最大限に活用させていただき、編集担当の湯川祥史郎さん、瀬川幹人さんには様々なご配慮を頂いた。本書のテーマからして、保育実践者の手にはなかなか取られないであろうことをおそれるが、保育をめぐる行政学的・政治学的パースペクティヴを構築しようとする研究者をはじめ、戦後の歴史、一人の真摯な学究の徒のライフヒストリーから学ぼうとする読者に、小著が細々と読み継がれていくことをひそかに念願するものである。

巻頭に、持田の壮年期の肖像写真を掲載することができた。掲載にあたっては、持田の令息であられる持田灯^{あかし}さん（東北大学大学院工学研究科教授）から、ご快諾を頂いた。のみならず、肉親の立場から、「父・持田栄一」についての回想を語っていただいた。面識のない著者からの突然の連絡に丁寧に応じて下さった持田灯さんのご厚意に、紙面にて恐縮ではあるが、心より御礼申し上げたく思う。

　あわせて、東京大学にて持田より直接の研究指導を受けた、持田門下第一の高弟であられる池田祥子先生（元・こども教育宝仙大学学長）からは、当時の持田をめぐる研究者群像について、リアルな印象を率直なお言葉で聞かせていただいただけでなく、本書の刊行に際して、あたたかい励ましの言葉を頂戴した。現身の持田を誰よりも近しく知るお二人と結ばれた縁は、著者の何より喜びとするところである。

　本書を、志半ばで早世した一人の誠実な教育学徒、持田栄一教授の御霊に捧げる。

2023 年 10 月 1 日
御陵の濠の畔にて
吉田直哉

著者略歴

1985年静岡県藤枝市生まれ。2008年
東京大学教育学部卒業。同大学院教
育学研究科博士課程等を経て、2022
年より大阪公立大学准教授（大学院
現代システム科学研究科・現代シス
テム科学域教育福祉学類）。博士（教
育学）。保育士。専攻は教育人間学、
保育学。

主著

『「伝えあい保育」の人間学：戦後日本における集団主義保育理論の
　形成と展開』（単著、ふくろう出版、2021年）

『平成期日本の「子ども中心主義」保育学：1989年幼稚園教育要領
　という座標系』（単著、ふくろう出版、2022年）

『新版　子育てとケアの原理』（共著、北樹出版、2022年）

『改訂版　保育カリキュラム論講義：児童中心主義的視座からの試
　論』（単著、ふくろう出版、2023年）

『〈子ども〉というコスモロジー：ポストモダン日本における問題
　圏』（単著、ふくろう出版、2023年）

『保育学基礎』（編著、大阪公立大学出版会、2023年）

保育思想の持田栄一　近代・宗教・公共性

2023年10月10日　初版発行

著　者　吉田直哉
発行所　学術研究出版
〒670-0933　兵庫県姫路市平野町62
［販売］Tel.079(280)2727　Fax.079(244)1482
［制作］Tel.079(222)5372
https://arpub.jp
印刷所　小野高速印刷株式会社
©Naoya Yoshida 2023, Printed in Japan
ISBN978-4-911008-11-9